Natalie Faßmann

Auf gute Nachbarschaft

Gedruckt auf
100% Recyclingpapier

Natalie Faßmann

Auf gute Nachbarschaft

Mischkultur im Garten
Gemüse • Kräuter • Zierpflanzen

Inhalt

Das Geheimnis der Mischkultur ... 7

Auf gute Nachbarschaft! ... 8
Was bringt's? ... 8
Familienbande ... 9
Nährstoffhunger ... 25
Konkurrenz im Beet ... 32
Kommunikation unter Tage ... 41
Gesund und widerstandsfähig ... 47
Alles wird gut ... 58

Partnerschaften im Beet ... 60
Partner auf einen Blick ... 60
Partner im Duett ... 82
Flotte Dreier ... 90
Vorgänger, Nachfolger und Lückenfüller ... 98
Mischkultur übers Jahr ... 105
Obst in der Mischkultur ... 107

Das ABC im Gemüsegarten ... 110
Das ABC ... 110
Wie funktioniert das Franck'sche System? ... 112
Es muss nicht immer Spinat sein ... 113

Besondere Mischkulturbeete ... 114
Hügelbeete und Hochbeete ... 114
Kraterbeete – Gärtnern im Kreis ... 125
Mischkultur unter Glas ... 127

Blumige Freundschaften — 130
Cliquenbildung in der Staudenrabatte — 130
Altes Wissen aus Klostergärten — 134

Jetzt sind Sie dran: eigene Mischungen — 136
Goldene Regeln zum Selbstmischen — 136
Übung macht den Meister — 139

Allelopathie bis zur Gegenwart — 141
Plinius und die Walnuss — 141
Mittelalter und Renaissance — 142
Bodenmüdigkeit und Anbaupausen — 142
Das Kind bekommt einen Namen — 143

Was sagt die Wissenschaft? — 144
Der Feind meines Feindes ist mein Freund — 144
Wie erkennen Insekten ihre Wirtspflanzen? — 146
Mischkultur unter dem Mikroskop — 150
Mischkultur in der Praxis — 153

Die Autorin — 156

Zum Weiterlesen — 157

Das Geheimnis der Mischkultur

Eigentlich müsste es ja *die* Geheimnisse, im Plural, heißen. Was wir heute als Mischkultur kennen, häufig in Form einer Kreuztabelle mit günstigen und ungünstigen Gemüsenachbarn, ist eine Mischung verschiedenster Hinweise. Für manche sieht es nach einem großen Geheimnis aus, warum Erdbeeren und Knoblauch gut zueinander passen. Für andere, die sich ein wenig mit dem Wachstum und der Pflege von Pflanzen auskennen, ist es jedoch leicht zu entschlüsseln. In den meisten Fällen von guter (oder auch schlechter) Nachbarschaft handelt es sich schlicht um nachbarschaftliche Konkurrenz um Nährstoffe, Wasser, Licht und Platz. Wer ist der Gewinner, wer der Verlierer und wer findet ein geeignetes Arrangement zum Miteinanderleben auf engstem Raum? Einige Nachbarn, aber bei weitem nicht alle, sind sogar recht nett: Sie halten Schädlinge fern oder locken Nützlinge an. Nur ganz wenige Pflanzen führen einen regelrechten Krieg mit allen Mitteln. Solche Einzelgänger sind keine guten Nachbarn. Nicht zu vergessen die Familienzwiste, die zwischen nahen (und manchmal auch fernen) Verwandten um ein Stück Land ausbrechen. Damit sind auch schon die meisten Gründe für die manchmal recht eigenwilligen Gemüsekombinationen genannt.

Was denn, nicht einmal ein bisschen Hokuspokus? Seien Sie nicht enttäuscht! Viele der Gemüsenachbarschaften beruhen schlichtweg auf den Erfahrungen von Gärtnern und Landwirten, die zum Teil über Jahrhunderte hinweg weitergegeben wurden. Na gut, ein kleines bisschen Zauberei und Esoterik sind dann aber doch dabei. Nämlich dann, wenn sich selbst ein Pflanzenfachmann einige günstige wie auch ungünstige Kombinationen nicht erklären kann. Welche das sind, werden Sie später noch sehen.

Viel Spaß beim Lesen und auch beim Ausprobieren

Natalie Faßmann

Auf gute Nachbarschaft!

Gute und schlechte Nachbarn. Das kommt uns als Erstes in den Sinn, wenn wir an Mischkultur denken. Das ist nicht verkehrt, doch ist die Mischkultur mehr als das Kombinieren verschiedener Gemüsearten nach Tabellen. Hier steckt viel mehr dahinter: Pflanzenfamilien, Fruchtfolgeplanung und Anbaupausen, Nährstoffbedürfnisse, Standort- und Klimaverhältnisse und eine ganzjährige Beetplanung mit gestaffelten Aussaaten und Ernten. Hinzu kommen die Wurzelausscheidungen und Duftstoffe, die häufig für gelungene und fehlgeschlagene Beetpartnerschaften verantwortlich gemacht werden. Doch ist deren Einfluss viel geringer als gedacht.

Was bringt's?

Unabhängig davon, warum eine Mischkultur funktioniert, hat sie viele Vorteile gegenüber einer einseitigen Beetkultur. In einem vielfältigen Mix verschiedener Gemüsearten, Kräuter und Zierpflanzen machen Schädlinge und Krankheiten weniger Probleme. Außerdem ist der Boden bei einer gut geplanten Mischkultur ganzjährig bedeckt. So wird er vor Abschwemmung geschützt und ist gleichzeitig beschattet. Werden noch Stauden und Sommerblumen im Gemüsegarten gesät und gepflanzt, wird aus dem Küchengarten ein kleiner Bauerngarten. Gerade kleine Gärten profitieren von dem bunten Miteinander, kann doch schließlich auf kleinstem Raum eine stattliche Ernte verschiedenster Gemüse eingefahren werden.

Doch auch die Nachteile sollen nicht verschwiegen werden. Eine Mischkultur zu planen, ist aufwendiger als eine einfache Fruchtfolgeplanung, bei der das Gemüse jedes Jahr auf einem anderen Beet ausgesät wird. Freund- und Feindschaften sind zu bedenken und Standzeiten und Pflanzenabstände richtig zu kalkulieren. Je dichter die Gemüsepflanzen auf den Beeten stehen, desto höher ist der Pflegeaufwand. Unterschreitet der Abstand zwischen den Reihen fünfzehn Zentimeter, macht besonders das Unkrautjäten mehr Arbeit. So viel Platz braucht es nämlich, um die Hacke einsetzen zu können.

Alles, was darunter liegt, ist Handarbeit. Wer also hier ein wenig Arbeit einsparen möchte, sollte zwischen und in den Reihen immer so viel Abstand lassen, dass die Hacke mühelos dazwischen kommt.

Familienbande

Seine Familie kann man sich nicht aussuchen, seine Freunde dagegen schon. Wie im Leben der Gartenbesitzer geht es auch im Leben der »Gartenbesetzer« zu. Familientreffen führen bisweilen zu jahrelangen Feindschaften und man geht sich aus dem Weg. Verwandte Pflanzen scheiden gleiche oder ähnliche Substanzen aus und verbrauchen ähnliche Mengen an Nährstoffen aus dem Boden. Beides führt zu einer einseitigen Anreicherung von Stoffen im Boden, die für die nachkommenden, verwandten Kulturen schädlich sind. Zudem können sich Schädlinge und Krankheiten anhäufen.

Brüder, Schwestern und Cousinen

Respektieren Sie die Familienbande der Pflanzen und vermeiden Sie es, Mitglieder derselben Familie nebeneinander oder nacheinander auf dasselbe Beet zu pflanzen.

Das ist manchmal gar nicht so einfach, denn unsere Gemüsearten entstammen häufig der Familie der Kreuzblütengewächse *(Brassi-*

caceae) oder der Familie der Korbblütengewächse *(Asteraceae)*. In den folgenden Übersichten können Sie die Verwandtschaftsbeziehungen der Gemüse- und Kräuterarten nachlesen. Nicht vergessen sollten Sie die Gründüngungspflanzen. Da sie als Nachkulturen gesät werden, sollten sie dem Fruchtfolgeschema angepasst werden. Es gibt auch einige Gemüsearten, die in unseren Breiten die einzigen Vertreter ihrer Familie sind. Hierzu gehören die Eiskrautgewächse *(Aizoaceae)* mit dem Neuseeländer Spinat, die Baldriangewächse *(Valerianaceae)* mit dem Feldsalat und die Lippenblütengewächse *(Lamiaceae)*, die zwar viele Kräuter stellen, mit dem Knollenziest aber nur einen Gemüsevertreter haben. Diese Gemüsearten können zur Auflockerung der Mischkultur oder der Fruchtfolge angebaut werden. Wollen Sie nun ein Gemüse anbauen, das in den Übersichten nicht erwähnt ist, brauchen Sie nur seine Pflanzenfamilie herauszufinden. Dabei helfen spezielle Gemüsebestimmungsbücher, eine Empfehlung finden Sie auf Seite 157. Dann können Sie es probehalber so in die Mischkultur einbauen wie seine bekannten Gemüseverwandten.

Gemüseverwandtschaft

Pflanzenfamilie	Gemüsearten
Baldriangewächse *(Valerianaceae)*	Feldsalat
Basellgewächse *(Basellaceae)*	Malabarspinat *(Basella alba)*
Doldenblütengewächse *(Apiaceae)*	Gemüsefenchel, Kerbelrüben, Möhren, Pastinaken, Sellerie, Wurzelpetersilie
Eiskrautgewächse *(Aizoaceae)*	Eiskraut, Neuseeländer Spinat
Fuchsschwanzgewächse *(Amaranthaceae)*	Amarant
Gänsefußgewächse *(Chenopodiaceae)*	Erdbeerspinat, Gartenmelde, Guter Heinrich, Mangold, Rote Bete, Spinat

Tabelle: Gemüseverwandtschaft

Pflanzenfamilie	Gemüsearten
Knöterichgewächse (Polygonaceae)	Rhabarber, Sauerampfer
Korbblütengewächse (Asteraceae)	alle Kopf-, Schnitt- und Plücksalate, Artischocken, Chicorée, Endivien, Haferwurzeln, Karden (Cardy), Löwenzahn, Radicchio, Salat-Chrysanthemen, Schwarzwurzeln, Topinambur, Zuckerhutsalate
Kreuzblütengewächse (Brassicaceae)	Asia-Salate (z. B. Mizuna, Komatsuna, Tatsoi), Blumenkohl, Brokkoli, Chinakohl, Grünkohl, Herbstrüben, Kohlrabi, Kohlrüben, Kopfkohl, Mairüben, Meerrettich, Pak Choi, Radieschen, Rauken, Rettiche, Rosenkohl, Stielmus (Rübstiel), Teltower Rübchen, Wirsing
Kürbisgewächse (Cucurbitaceae)	Gurken, Kürbisse, Zucchini
Liliengewächse (Liliaceae)	Porree, Schalotten, Spargel, Zwiebeln
Lippenblütengewächse (Lamiaceae)	Knollenziest
Malvengewächse (Malvaceae)	Okras
Nachtschattengewächse (Solanaceae)	Auberginen, Chilis, Kartoffeln, Paprikas, Tomaten, Tomatillos
Portulakgewächse (Portulacaceae)	Sommerportulak, Winterportulak
Schmetterlingsblütengewächse (Fabaceae)	Erbsen, Feuerbohnen, Gartenbohnen, Puffbohnen, Spargelerbsen, Sojabohnen, Linsen, Kichererbsen
Süßgräser (Poaceae)	Zuckermais
Wegerichgewächse (Plantaginaceae)	Hirschhornwegerich

Kräuterverwandtschaft

Pflanzenfamilie	Kräuterarten
Baldriangewächse (Valerianaceae)	Baldrian
Doldenblütengewächse (Apiaceae)	Anis, Angelika, Blattpetersilie, Dill, Gewürzfenchel, Kerbel, Koriander, Kümmel, Liebstöckel
Hartheugewächse (Hypericaceae)	Johanniskraut
Kapuzinerkressengewächse (Tropaeolaceae)	Kapuzinerkresse
Korbblütengewächse (Asteraceae)	Beifuß, Eberraute, Estragon, Kamille, Ringelblumen, Wermut
Kreuzblütengewächse (Brassicaceae)	Barbarakraut, Brunnenkresse, Gartenkresse
Lippenblütengewächse (Lamiaceae)	Basilikum, Bohnenkraut, Lavendel, Majoran, Minzen, Oregano, Rosmarin, Salbei, Schwarznessel (Perilla), Thymian, Ysop, Zitronenmelisse
Liliengewächse (Liliaceae)	Knoblauch, Schnittlauch
Raublattgewächse (Boraginaceae)	Beinwell, Borretsch
Rautengewächse (Rutaceae)	Weinraute
Rötegewächse (Rubiaceae)	Waldmeister
Rosengewächse (Rosaceae)	Pimpinelle

Obstverwandtschaft

Pflanzenfamilie	Obstarten
Kürbisgewächse (Cucurbitaceae)	Wassermelonen, Zuckermelonen
Nachtschattengewächse (Solanaceae)	Kapstachelbeeren, Pepino
Rosengewächse (Rosaceae)	Äpfel, Aprikosen, Birnen, Brombeeren, Erdbeeren, Himbeeren, Kirschen, Mandeln, Pfirsiche, Pflaumen, Quitten
Stachelbeergewächse (Grossulariaceae)	Johannisbeeren, Stachelbeeren

Verwandtschaft bei Gründüngungspflanzen

Pflanzenfamilie	Arten
Knöterichgewächse (Polygonaceae)	Buchweizen
Korbblütengewächse (Asteraceae)	Ringelblumen, Sonnenblumen, Studentenblumen
Kreuzblütengewächse (Brassicaceae)	Ölrettich, Raps, Rübsen, Senf
Raublattgewächse (Boraginaceae)	Phacelia
Schmetterlingsblütengewächse (Fabaceae)	Inkarnatklee, Lupinen, Rotklee, Sommerwicken, Weißklee
Süßgräser (Poaceae)	Roggen

Fruchtfolgen und Anbaupausen

Es gibt drei Gründe, warum Empfehlungen für Fruchtfolgen und Anbaupausen ausgesprochen werden: erstens aufgrund eines einseitigen Nährstoffentzugs einer Art oder einer Familie, zweitens aus Pflanzenschutzgründen und drittens aufgrund von Selbstunverträglichkeiten innerhalb einer Art, einer Familie oder zwischen Arten verschiedener Familien. Diese Selbstunverträglichkeit geht häufig auf die Anreicherung von für Pflanzen giftige Stoffe (Phytotoxine) im Boden zurück. Dieses Phänomen wird auch Allelopathie genannt (mehr dazu ab Seite 41 und ab Seite 141). Manchmal wird der Begriff Selbstunverträglichkeit auch auf den Nährstoffentzug und auf Fruchtfolgekrankheiten ausgedehnt.

Aus diesen Gründen sollten Arten einer Familie nur alle drei Jahre auf demselben Beet angebaut werden. Noch weitere Fruchtfolgen empfehlen sich für die Doldenblütengewächse *(Apiaceae)*, die nur alle vier Jahre, und die Gänsefußgewächse *(Chenopodiaceae)*, die nur alle acht Jahre auf demselben Beet angebaut werden sollten. Die Schmetterlingsblütengewächse *(Fabaceae,* auch Leguminosen oder Hülsenfrüchte genannt) sind untereinander hochgradig selbstunverträglich. Sie sollten daher nur alle vier bis sechs Jahre auf derselben Fläche stehen. Eine noch weitere Fruchtfolge haben die Kreuzblütengewächse *(Brassicaceae)*, die wegen der Kohlhernie nur alle acht bis zehn Jahre auf demselben Beet angebaut werden sollten (siehe auch nebenstehende Übersicht). Je verschiedener die Gemüsearten sind, die räumlich und zeitlich aufeinanderfolgen, desto weniger Fruchtfolgeprobleme wie einseitiger Nährstoffentzug und Fruchtfolgekrankheiten treten auf.

Es liegt in der Familie

Wird auf ein und derselben Fläche in mehreren aufeinanderfolgenden Jahren eine Pflanzenfamilie bevorzugt angebaut, können sich auch die auf diese Familie spezialisierten Schädlinge und Krankheitserreger ansammeln. Werden die Wirtspflanzen in Folge angebaut, vermehren sich die Schaderreger und können sich so lange anreichern, bis ein Anbau nicht mehr möglich ist. Dies ist das Übel der Monokultur, nicht nur auf den landwirtschaftlich genutzten Flächen,

Anbaupausen für Familienmitglieder

Pflanzenfamilie	wichtige Gemüsevertreter	empfohlene Anbaupause
Doldenblütengewächse	Möhren, Sellerie	3 – 4 Jahre
Gänsefußgewächse	Mangold, Spinat	8 Jahre
Korbblütengewächse	Salate	3 – 4 Jahre
Kreuzblütengewächse	Kohl, Radieschen, Rettiche	3 – 4 Jahre (8 Jahre bei Kohlhernie)
Kürbisgewächse	Gurken	3 – 5 Jahre
Liliengewächse	Zwiebeln	4 – 5 Jahre
Lippenblütengewächse	Bohnenkraut, Majoran, Salbei	4 Jahre
Nachtschattengewächse	Kartoffeln, Paprikas, Tomaten	3 – 4 Jahre
Schmetterlingsblütengewächse	Erbsen Gartenbohnen	4 – 6 Jahre 2 – 3 Jahre

Tomate nach Tomate?

Über die Selbstverträglichkeit von Tomaten gibt es verschiedene Meinungen. Während viele Gärtner die Erfahrung gemacht haben, dass Tomaten und andere Nachtschattengewächse wie Kartoffeln, Paprikas, Auberginen und Kapstachelbeeren nacheinander auf demselben Beet stehen können, ohne dass dabei Probleme auftreten, sie mitunter sogar besser wachsen, wurde an der Martin-Luther-Universität Halle festgestellt, dass nach einer zehnjährigen Tomatenmonokultur im Erwerbsgartenbau durch fehlenden Fruchtansatz bis zu fünfzig Prozent weniger Tomaten geerntet wurden.

Wenn Tomaten und Co. auf demselben Beet über mehrere Jahre gedeihen, ist das schön. Vorsicht ist dann geboten, wenn Welkekrankheiten und Nematoden auftreten. Dann sollten sie unbedingt in eine Fruchtfolge mit mindestens vierjähriger Anbaupause eingegliedert werden. Besser ist es, Tomaten gleich in die Fruchtfolge aufzunehmen.

sondern auch in unseren Gärten. Durch einen regelmäßigen Wechsel der Gemüsearten finden die Krankheiten und Schädlinge keine Wirte und können nicht überleben. Da besonders Pilze wie die Kohlhernie und Nematoden in der Lage sind, Dauersporen oder Dauerkapseln (Zysten) zu bilden, mit denen sie jahrelang im Boden überdauern können, sollten die angegebenen Anbaupausen eingehalten werden. Doch nicht nur die im Boden überdauernden Krankheiten und Schädlinge reichern sich an, auch Blattläuse und andere Schädlinge finden in immer gleichen, monotonen Pflanzungen viel Nahrung und können sich entsprechend vermehren. Schädlinge und Krankheiten, die nur einen engen Wirtspflanzenkreis haben wie die Möhrenfliege, sind mithilfe einer Fruchtfolge besser in Schach zu halten, als solche, die einen weiten Wirtskreis haben wie die Wandernden Wurzelnematoden. In der Übersicht auf Seite 22 sind die wichtigsten Fruchtfolgekrankheiten aufgeführt, und dazu, welche Gemüsearten sie betreffen und wie lange auf einer Fläche keine Arten derselben Familie angebaut werden sollten.

Eine Mimose namens Petersilie

Die Petersilie ist eine ganz empfindliche Pflanze. Nicht nur, dass sie sich mit dem Keimen sehr lange Zeit lässt (das können Sie mit Mischsaaten mit Radieschen überbrücken), nein, urplötzlich wird sie gelb, welkt und stirbt ohne erkennbaren Grund ab. Wenn das passiert, liegt das mit großer Wahrscheinlichkeit daran, dass im letzten Jahr an dieser Stelle schon Petersilie oder eine enge Petersilienverwandte wie die Möhre, die Pastinake oder sogar der Dill stand. Sie alle sind Doldenblütengewächse und sollten sich nur alle vier Jahre auf einer Fläche treffen, sonst gibt es »Mord & Totschlag«.

Wurzelgallennematoden

Wurzelgallennematoden *(Meloidogyne hapla)* haben einen sehr großen Wirtspflanzenkreis (etwa 350 Wirtspflanzenarten sind bekannt). Nematoden sind winzige, etwa ein Millimeter große Tiere, die mit bloßem Auge nicht zu erkennen sind. Aufgrund ihrer wurmähnlichen Gestalt werden sie auch Fadenwürmer oder Älchen genannt. Anfällige Gemüsearten sind vor allem Möhren, Gurken, Kartoffeln, Salate, Tomaten und Erbsen. An den Wurzeln befallener Pflanzen befinden sich kleine, knotenartige Verdickungen, in denen die Nematoden leben (nicht zu verwechseln mit den stickstoffsammelnden Knöllchenbakterien an Schmetterlingsblütengewächsen). Besonders auffällig ist die Nebenwurzelbildung bei Möhren und anderem Wurzelgemüse. Durch den Befall wachsen die Pflanzen langsamer und welken besonders schnell bei hochsommerlichen Temperaturen.

Tipp *Getreide gehört nicht zum Wirtspflanzenkreis der Wurzelgallennematoden. Darum kann es als Gesundungspflanze in die Fruchtfolge aufgenommen werden. Eine weitere, aufgrund der erhöhten Nährstoffauswaschung und Störung des Bodenlebens jedoch weniger empfehlenswerte Methode ist die einjährige Schwarzbrache. Hier wird vollkommen auf eine Bepflanzung verzichtet, um die Nematoden auszuhungern. Achten Sie dabei darauf, dass alle aufkeimenden Pflanzen, auch Unkräuter wie Vogelmiere, Ackerdistel und Melde, entfernt werden.*

Wandernde Wurzelnematoden

Wandernde Wurzelnematoden *(Pratylenchus-* und *Paratylenchus-*Arten) haben ebenfalls einen großen Wirtspflanzenkreis, zu dem neben Gehölzen (Äpfel, Birnen, Kirschen) auch Gemüse (unter anderem Möhren, Sellerie, Bohnen, Gurken, Salate, Porree) und Mais zählen. Auf befallenen Flächen kommt es zu Wachstumshemmungen und Vergilbungserscheinungen bei den Pflanzen. An den Wurzeln sind dunkle, abgestorbene Stellen sichtbar. Die Wandernden Wurzelnematoden werden häufig als Verursacher der Bodenmüdigkeit betrachtet (siehe Seite 42).

Tipp Eine vielseitige Fruchtfolge kann das Auftreten der Nematoden reduzieren. Rote Bete gehört zu den wenigen Gemüsearten, die keine Wirte für Wandernde Wurzelnematoden sind. Studentenblumen (Tagetes) können zur Bekämpfung der Wandernden Wurzelnematoden ganzflächig oder als Mischkultur gesät werden (siehe Seite 24). Eine ähnliche, nicht so starke Wirkung haben Ringelblumen (Calendula officinalis), Sonnenbraut (Helenium), Kokardenblume (Gaillardia), Kamille (Matricaria chamomilla) und Sonnenhut (Rudbeckia).

Zystenälchen

Das Rübenzystenälchen *(Heterodera schachtii)* befällt Gänsefuß- und Kreuzblütengewächse (Beispiele siehe Seite 11). Das Kartoffelzystenälchen *(Globodera rostochiensis, Globodera pallida)* ist ein Schaderreger an Kartoffeln und anderen Nachtschattengewächsen. Die Blätter vergilben. Die Wurzeln sind stark verzweigt (»bärtig«) und tragen gelblich weiße Zysten, in denen sich die Eier der Nematoden befinden. Diese Zysten können acht bis zehn Jahre im Boden überdauern.

Tipp Aufgrund der langen Überdauerung der Zystenälchen im Boden sollte eine weitgestellte Fruchtfolge geplant werden, in der bis zu zehn Jahre lang keine Gemüsearten aus dem Wirtspflanzenkreis angebaut werden. Denken Sie auch hier an Unkräuter wie den Ackersenf, das Hirtentäschel und den Weißen Gänsefuß. Zur Reduzierung können Zwischenfrüchte wie nematodenresistente Ölrettich- und Senfsorten oder nematodenresistente Kartoffelsorten angebaut werden (siehe Seite 24).

Gemüsefliegen

Gemüsefliegen wie die Kleine Kohlfliege *(Phorbia brassicae, syn. Delia radicum)*, die Möhrenfliege *(Psila rosae)* und die Zwiebelfliege *(Delia antiqua)* legen ihre Eier direkt an die Pflanzenbasis oder in deren Nähe im Boden ab. Die Larven leben im Pflanzeninneren, überwintern aber als Puppen im Boden. Die Larven fressen an den Wurzeln (Möhren, Radieschen) und an der Wurzelscheibe (Zwiebeln). Die Pflanzen welken und lassen sich teilweise leicht aus dem Boden ziehen. Die Fraßstellen werden häufig von Fäulniserregern besiedelt.

Tipp *Die vielfach gerühmte Partnerschaft von Zwiebeln und Möhren im Beet zur Verwirrung der Zwiebel- und der Möhrenfliegen ist – wie Versuche ergeben haben – nur ein Märchen. Der beste Schutz vor den Gemüsefliegen sind Gemüseschutznetze, die nach der Aussaat oder nach dem Pflanzen über die Beete gelegt werden (mehr dazu auf Seite 49). Eine weitgestellte Fruchtfolge der Wirtspflanzen hilft zudem, den Befallsdruck zu vermindern.*

Kohlhernie

Die Pilzkrankheit Kohlhernie *(Plasmodiophora brassicae)* verursacht an ihren Wirtspflanzen, zu denen alle Kohlarten, Radieschen, Rettiche, aber auch kreuzblütige Unkräuter wie Ackersenf *(Sinapis arvensis)* oder Hirtentäschel *(Capsella bursa-pastoris)* gehören, knollenartig verdickte Wurzeln. Die Pflanzen bleiben klein und wachsen nur kümmerlich. In den knollenartigen Verdickungen befinden sich Dauersporen, die bis zu sechs Jahre im Boden überdauern können. Anbaupausen liegen zwischen acht und zehn Jahren.

Neben allen Kohlarten befällt die Kohlhernie auch kreuzblütige Unkräuter wie Hirtentäschel und Ackersenf

Auf gute Nachbarschaft!

Tipp *Zur Bekämpfung der gefürchteten Kohlhernie wird eine weitgestellte Fruchtfolge mit Anbaupausen von bis zu zehn Jahren für alle Mitglieder der Kreuzblütengewächse empfohlen. In Einzelfällen sollte komplett auf den Anbau der Wirtspflanzen verzichtet werden. Kohlhernieresistente Kohlsorten können zwar angebaut werden, doch kann so die Krankheit nicht bekämpft werden. Verzichten Sie bei kohlhernieverseuchten Böden lieber auf Kohl oder halten Sie die Anbaupause von zehn Jahren ein.*

Welkepilze

Welkepilze wie die Fusarium-Welke *(Fusarium oxysporum)* und die Verticillium-Welke *(Verticillium*-Arten) haben einen großen Wirtspflanzenkreis, der neben Gemüse auch Obst, Zierpflanzen und Ziergehölze umfasst. Die Pilze dringen über die Wurzeln in die Pflanzen ein und verstopfen die Wasserleitungsbahnen. Bei hohen, sommerlichen Temperaturen kommt es zunächst zu Welkeerscheinungen, später sterben die Pflanzen ab. Die Pilze bilden Dauersporen aus, mit denen sie mehrere Jahre im Boden überdauern können.

Tipp *Durch den großen Wirtspflanzenkreis ist eine weitgestellte Fruchtfolge nur selten von Erfolg. Besser ist es, Sie entfernen befallene Pflanzen und die umgebende Erde sofort oder verwenden resistente Sorten. Geben Sie erkrankte Pflanzen nicht auf den Kompost, sondern entsorgen Sie sie über den Hausmüll. Der Feigenblattkürbis* (Cucurbita ficifolia) *ist resistent gegenüber der Fusarium-Welke und dient als Veredlungsunterlage für Gurken. Auberginen können zum Beispiel auf verticilliumresistenten Tomaten veredelt werden.*

Wurzelfäulen an Erdbeeren

Die Rote Wurzelfäule *(Phytophthora fragariae)* und die Lederbeerenfäule *(Phytophthora cactorum)* an Erdbeeren sind Pilzkrankheiten, die häufig im Garten auftreten. Die Erdbeerpflanzen zeigen vielfältige Symptome vom Welken bis zum Absterben. Nimmt man die Erdbeerpflanzen aus dem Boden, sieht man, dass die Wurzeln verbräunt sind. Ein Schnitt durch das Rhizom zeigt, dass auch im Inneren braune Stellen sind. Grüne Früchte werden braun, hart und ledrig. Fast reife Früchte verfärben sich weißlich oder violett. Diese Krankheiten werden meist nicht erkannt, da die Pflanzen sehr lange überleben können. Bis dahin sind jedoch Boden und Pflanzen so verseucht, dass ein Erdbeeranbau unmöglich wird. Denn der Pilz bildet Dauersporen aus, die bis zu fünfzehn Jahre im Boden überdauern können!

Tipp *Verwenden Sie nur gesunde Erdbeer-Jungpflanzen von widerstandsfähigen Sorten (zum Beispiel 'Spadeka', 'Florika'). Besonders anfällig sind die beliebten Sorten 'Senga Sengana' und 'Elsanta'. Halten Sie eine weite Fruchtfolge von mindestens vier Jahren ein. Vermeiden Sie, die Erdbeerbeete auf staunassen, kalten Böden anzulegen, denn hier fühlen sich die Pilze besonders wohl!*

Ein durchlässiger, humusreicher und leicht saurer Boden behagt Erdbeerpflanzen am meisten. Schlecht gedeihen Erdbeeren in nasskalter und verdichteter Erde, wodurch auch die Anfälligkeit gegenüber Grauschimmel steigt.

Wichtige Fruchtfolgekrankheiten auf einen Blick

Krankheit, Schädling	betroffene Gemüsearten	Anbaupausen
Kartoffelzystenälchen (Nematoden)	Kartoffeln, Tomaten, andere Nachtschattengewächse	8 – 10 Jahre
Rübenzystenälchen (Nematoden)	Kohlarten, Mangold, Rettiche, Rote Bete, Spinat und andere Kreuzblüten- und Gänsefußgewächse	8 – 10 Jahre
Wurzelgallennematoden (Nematoden)	großer Wirtspflanzenkreis, u. a. Gurken, Möhren, Salate, Tomaten	Anbau von Getreide oder Schwarzbrache
Wandernde Wurzelnematoden (Nematoden)	großer Wirtspflanzenkreis, u. a. Erbsen, Mais, Möhren, Obstgehölze, Salate	mindestens 4 Jahre
Kohlhernie (Pilze)	Kreuzblütengewächse wie Kohlarten, Radieschen	mindestens 8 Jahre
Fusarium-Welke (Pilze)	großer Wirtspflanzenkreis, u. a. Erbsen, Gartenbohnen, Kartoffeln, Spargel, Zwiebeln	mindestens 4 Jahre
Verticillium-Welke (Pilze)	großer Wirtspflanzenkreis, u. a. Erdbeeren, Gurken, Obstgehölze, Sommerastern, Ziergehölze	mindestens 4 Jahre
Sclerotinia-Fäule (Pilze)	großer Wirtspflanzenkreis, u. a. Gurken, Salate, Tomaten, Zierpflanzen	mindestens 4 Jahre

Tabelle: Wichtige Fruchtfolgekrankheiten auf einen Blick

Krankheit, Schädling	betroffene Gemüsearten	Anbaupausen
Rote Wurzelfäule, Lederbeerenfäule (Pilze)	Erdbeeren	mindestens 4 Jahre
Septoria-Blattfleckenkrankheit (Pilze)	Doldenblütengewächse wie Sellerie, Petersilie	mindestens 3 Jahre
Rettichschwärze (Pilze)	Rettiche und andere Kreuzblütengewächse	mindestens 3 Jahre
Kohlfliegen (Insekten)	Kreuzblütengewächse wie Kohlarten, Rettiche	4 Jahre
Möhrenfliegen (Insekten)	Doldenblütengewächse wie Möhren, Sellerie, Pastinaken	4 Jahre
Zwiebelfliegen (Insekten)	Porree, Schnittlauch, Zwiebeln	4 Jahre

Die wilden Verwandten

Vergessen Sie nicht die Unkräuter! Schließlich sind sie die wilden Verwandten unserer Gemüse. Oft sind sie Kreuzblütengewächse wie der Ackersenf *(Sinapis arvensis)* und das Hirtentäschel *(Capsella)* oder Korbblütengewächse wie Disteln *(Cirsium)*, Kreuzkraut *(Senecio)* und Löwenzahn *(Taraxacum)*. Die wirtsspezifischen Krankheiten, die eben nur Vertreter einer Gattung oder Familie befallen, können auch auf den Unkräutern überleben und so den Fruchtfolgerhythmus brechen. Der ebenfalls lästige Giersch ist ein Doldenblütengewächs und die Quecken sind Gräser. Giersch kommt als Krankheitsüberträger in der Regel nicht in Frage. Die Quecke gilt als Wirtspflanze für verschiedene Nematoden.

Wie wirken Tagetes & Co. gegen Nematoden?

Die Wurzeln der Studentenblumenarten *Tagetes erecta* und *Tagetes patula* enthalten unter anderem Terthiophene (hier besonders alpha-Tertienyl), die eine nematodenabtötende Wirkung haben. Stechen die Nematoden nun die Wurzeln an oder dringen sie in die Pflanze ein, wird eine biochemische Reaktion in Gang gesetzt, die die eingedrungenen Nematoden abtötet. Die toxischen Stoffe werden auch in den Boden abgegeben. So tragen sie möglicherweise dazu bei, benachbarte oder anfällige Folgekulturen vor einem Nematodenbefall zu schützen. Wichtig ist, dass mit den Studentenblumen nur die Wandernden Wurzelnematoden getötet werden. Tagetes können nach den Eisheiligen (Mitte Mai) ausgesät werden. Sie sollten so dicht gesät werden, dass sie möglichst lückenlos auflaufen.

Nematodenresistente Ölrettich- (zum Beispiel 'Rufus', 'Pelgretta') und Senfsorten (zum Beispiel 'Maxi', 'Sirola') veranlassen die Larven des Rübenzystenälchens durch das Ausscheiden eines Wurzelsekrets dazu, vorzeitig die schützenden Zysten zu verlassen. Die Nematodenlarven können in der Folge zwar in die resistenten Ölrettich- oder Senfpflanzen eindringen, sich von ihnen aber nicht ernähren und sterben ab. Eine ähnliche Wirkung haben nematodenresistente Kartoffelsorten (zum Beispiel 'Cilena', 'Belana') gegenüber dem Kartoffelzystenälchen.

Die Tageteswurzeln enthalten Substanzen, die gegen Wandernde Wurzelnematoden wirken. Die toxischen Stoffe werden auch in den Boden abgegeben und können so Nachbarpflanzen schützen.

Nährstoffhunger

Es ist nicht nur wichtig, über die Familienverhältnisse der Gartenbewohner Bescheid zu wissen. Auch deren Nährstoffhunger darf nicht außer Acht gelassen werden. Die Gemüsearten unabhängig von ihren Familien nach ihrem jeweiligen Nährstoffbedarf einzuteilen, ist eine gängige Methode in der Fruchtfolgeplanung. Dabei wird in erster Linie der Stickstoffbedarf berücksichtigt. Es werden Stark-, Mittelstark- und Schwachzehrer unterschieden, die Sie mit ihren wichtigsten Vertretern in der Übersicht ab Seite 26 finden.

Düngerfresser und Hungerkünstler

Alle Kohlarten außer Kohlrabi gelten als wahre Düngerfresser, sie werden daher den **Starkzehrern** zugeordnet. Sie brauchen in der Saison 18 bis 20 g reinen Stickstoff pro Quadratmeter. Das entspricht etwa 3,5 kg Kompost plus 50 bis 80 g Hornspäne oder 100 bis 200 g Rizinus- oder Rapsschrot pro Quadratmeter.

Tomaten, Gurken, Kürbisse und Paprikas stehen sprichwörtlich zwischen Baum und Borke. Sie brauchen als **Mittelstarkzehrer** mit 16 bis 18 g reinem Stickstoff pro Quadratmeter nicht so viel Stickstoff wie der Kohl, aber doch so viel, dass sie von einigen Gärtnern schon zu den Starkzehrern gezählt werden. Mittelstarkzehrer wie Kohlrabi, Endivien und Spinat brauchen pro Saison 10 bis 16 g reinen Stickstoff pro Quadratmeter. Das entspricht etwa 2 kg Kompost plus 35 g Hornspäne oder 80 g Rizinus- oder Rapsschrot pro Quadratmeter.

Schwachzehrer wie Erbsen, Feldsalat und Kräuter sind wahre Hungerkünstler. Sie geben sich mit 0 bis 7 g reinem Stickstoff pro Quadratmeter zufrieden. Das entspricht etwa 2 kg Kompost pro Quadratmeter. Folgen sie in der Fruchtfolgeplanung Stark- oder Mittelstarkzehrern, brauchen sie keine extra Düngung. Auch bei den Schwachzehrern gibt es Grenzgänger. Zwiebeln, Möhren und Salate können auch bei den weniger bedürftigen Mittelstarkzehrern mitlaufen. Werden sie als Nachkulturen auf das Beet gebracht, brauchen sie nur die halbe Düngermenge (bis 1 kg Kompost pro Quadratmeter).

> **Brennnesseljauche und Kompostbrühe**
> - **Brennnesseljauche:** Frische Brennnesseln werden mit kaltem Wasser im Verhältnis von 10 l Wasser auf 1 kg Brennnesseln in einem Holz- oder Kunststofffass ohne Deckel angesetzt. Die Mischung sollte mindestens einmal am Tag umgerührt werden. Bis eine fertige Jauche entsteht, vergehen je nach Witterung eineinhalb bis drei Wochen. Sie ist fertig, wenn sie nicht mehr schäumt und dunkel gefärbt ist. Gegen die unvermeidliche Geruchsentwicklung können Sie eine Handvoll Steinmehl auf die Oberfläche streuen. Zum Düngen wird die Jauche im Verhältnis 1:10 mit Wasser verdünnt und in den Wurzelbereich der Pflanzen gegossen. Die fertige Brennnesseljauche ist bis zum Ende des Gartenjahres haltbar. Reste können im Herbst auf den Kompost gegossen werden.
> - **Kompostbrühe:** 10 l Komposterde wird in einem Fass mit 10 l Wasser aufgegossen und kräftig umgerührt. Wenn sich die Erdteilchen am Boden abgesetzt haben, kann die Mischung unverdünnt an die Pflanzen gegossen werden. Die Kompostbrühe ist ein milderer Dünger als die Brennnesseljauche.

Nährstoffbedarf wichtiger Gemüse und Kräuter

(*: Diese Gemüsearten und Kräuter finden Sie zweimal in der Tabelle. Es sind Mittelstarkzehrer, die auch bei den Starkzehreren oder Schwachzehrern eingeteilt werden können.)

Starkzehrer	Mittelstarkzehrer	Schwachzehrer
Auberginen	Amarant	Asia-Salate*
Blumenkohl	Asia-Salate*	Buschbohnen
Brokkoli	Chinakohl	Erbsen
Gurken*	Endivien	Erdbeerspinat
Kartoffeln	Gemüsefenchel	Feldsalat
Kopfkohl	Gartenmelde*	Gartenmelde*
Kürbisse*	Guter Heinrich*	Guter Heinrich*
Paprikas*	Gurken*	Kichererbsen
Porree*	Haferwurzeln	Kresse

Tabelle: Nährstoffbedarf wichtiger Gemüse und Kräuter

Starkzehrer	Mittelstarkzehrer	Schwachzehrer
Rosenkohl	Knoblauch	Linsen
Sellerie	Knollenziest	Löffelkraut
Tomaten	Kohlrabi	Möhren*
Wirsing	Kohlrüben	Neuseeländer Spinat*
Zucchini	Kürbisse*	Puffbohnen
Zuckermais*	Mangold	Radieschen*
	Melonen	Rettiche*
	Möhren*	Salate*
	Neuseeländer Spinat*	*(Römischer Salat /*
	Pak Choi	*Bindesalat, Pflück-*
	Paprikas*	*und Schnittsalate)*
	Petersilie	Sommerportulak
	Porree*	Spinat*
	Radieschen*	Winterportulak
	Rettiche*	Zichoriensalate*
	Rote Bete	*(Chicorée, Radicchio)*
	Salate*	Zwiebeln*
	(Kopfsalate, Eissalate)	*(inklusive Schalotten)*
	Schwarzwurzeln	
	Sojabohnen	
	Speiserüben	
	(Herbst-, Mairüben,	
	Teltower Rübchen)	
	Stielmus (Rübstiel)	
	Spinat*	
	Stangenbohnen	
	Zichoriensalate*	
	(Chicorée, Radicchio)	
	Zuckermais*	
	Zwiebeln*	
	(inklusive Schalotten,	
	Schnittlauch, Winter-	
	heckenzwiebeln)	

Beetvorbereitung

- **Starkzehrer** brauchen ein Beet, das gut mit Nährstoffen versorgt ist. Genaue Mengenangaben für die Düngung können nicht gemacht werden, da sie von der Bodenart, dem Humusgehalt und dem Grundnährstoffgehalt des Bodens abhängig sind. Aufschluss darüber geben Bodenanalysen, die von Bodenuntersuchungslaboren vorgenommen werden. Im Herbst werden die Beete mit Kompost und organischem Dünger (zum Beispiel kompostierter und verrotteter Stallmist, getrockneter Rinderdung oder Rizinusschrot) vorbereitet. Damit die freigesetzten Nährstoffe im Winter nicht ausgewaschen werden, kann zwei Wochen nach der Düngung eine Gründüngung gesät werden. Diese wird im Frühjahr in den Boden eingearbeitet. Während der Wachstumszeit brauchen die Starkzehrer meist noch eine zusätzliche Düngung mit Brennnesseljauche oder Kompostbrühe (siehe Seite 26).
- **Mittelstarkzehrer** kommen mit geringeren Mengen an Nährstoffen aus als die Starkzehrer. Im Herbst werden die Beete nur mit Kompost vorbereitet, und eventuell wird eine Gründüngung gesät. Im Frühjahr wird je nach Kultur noch zusätzlich organischer Dünger gegeben. Auch die Mittelstarkzehrer werden während der Wachstumszeit hin und wieder mit einer Pflanzenjauche gedüngt.
- **Schwachzehrer** brauchen noch geringere Mengen an Nährstoffen. Sie kommen mit dem aus, was Stark- und Mittelstarkzehrer übrig lassen. Hier wird bei Bedarf nur mit Kompost gedüngt.

Grabeforke, Spaten, Sauzahn und Unkrauthacke leisten gute Dienste bei der Beetvorbereitung im Mischkulturgarten

Dreijähriger Rhythmus

Der Gemüsegarten wird in drei Bereiche, zum Beispiel drei Beete, unterteilt, die jeweils unterschiedlich mit Dünger versorgt und in den kommenden drei Jahren jeweils unterschiedlich bepflanzt werden. Es spricht aber auch nichts dagegen, mehr als drei Beete in die Fruchtfolge aufzunehmen. Am einfachsten gelingt das natürlich mit einem Vielfachen von Drei. Das ist der klassische Weg einer Fruchtfolgeplanung. Es gibt aber noch zwei weitere Möglichkeiten, den Gemüsegarten einzuteilen.

Im ersten Jahr erfolgt die Beeteinteilung und -vorbereitung. Die Starkzehrer rücken im zweiten Jahr auf ein weiteres, gut mit organischem Dünger vorbereitetes Beet, und die Mittelstarkzehrer nehmen das Beet ein, auf dem im Vorjahr die Starkzehrer standen. Sie brauchen keine großen Düngergaben. Im dritten Jahr wechseln nun die Schwachzehrer auf das Beet der Mittelstarkzehrer, die wiederum auf das letztjährige Starkzehrerbeet weiterrücken. Im vierten Jahr beginnt der Turnus von vorn. Auf diese Weise wird der im Boden vorhandene Stickstoff optimal genutzt.

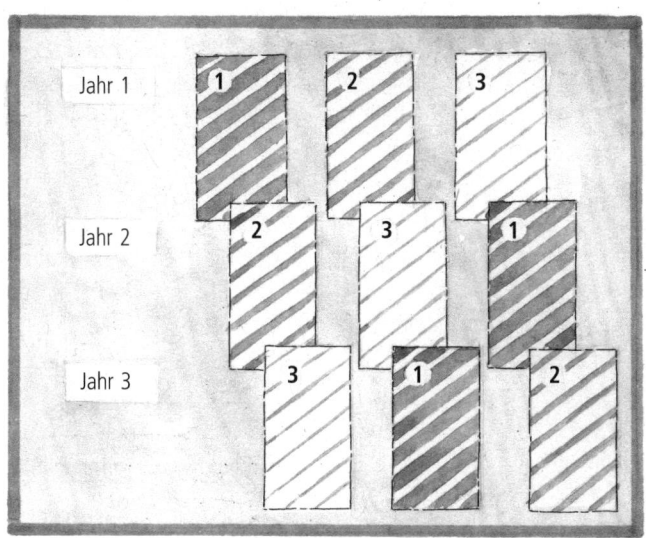

Fruchtfolge im dreijährigen Rhythmus:
Starkzehrer (1), Mittelstarkzehrer (2), Schwachzehrer (3)

Zweijähriger Rhythmus

Bei der zweijährigen Methode mit zwei Beeten oder einem Vielfachen von Zwei werden die Kulturen alle zwei Jahre gewechselt. Hier wird nur zwischen Starkzehrern und Schwachzehrern unterschieden. Einige Gärtner teilen die Mittelstarkzehrer mit einem höheren Nährstoffbedarf bei den Starkzehrern und die Mittelstarkzehrer mit einem niedrigeren Nährstoffbedarf bei den Schwachzehrern ein.

In der Übersicht mit dem Nährstoffbedarf der Gemüsearten (siehe ab Seite 26) sind einige Gemüsearten zweimal bei jeweils verschiedenen Gruppen eingetragen. So stehen zum Beispiel die Möhren einmal bei den Mittelstarkzehrern und einmal bei den Schwachzehrern, denn Möhren sind Mittelstarkzehrer mit einem niedrigeren Nährstoffbedarf. Möhren könnten beim zweijährigen Anbaurhythmus dementsprechend auch bei den Schwachzehrern mitlaufen.

Vierjähriger Rhythmus

Auch ein vierjähriger Anbaurhythmus mit vier Beeten ist möglich. Hierbei erfolgt für das vierte Beet keine noch genauere Einteilung nach dem Nährstoffbedarf, sondern es kann entweder mit einer Gründüngung zur Erholung versehen werden oder mit Dauerkulturen. Dauerkulturen sind mehrjährige Arten wie Spargel, Artischocken, Rhabarber und Erdbeeren. Auch Einjährige wie Tomaten können durchaus mehrere Jahre hintereinander auf derselben Stelle stehen, ohne dass dabei Nachbauprobleme entstehen. Voraussetzung ist, dass jedes Jahr bedarfsgerecht gedüngt wird und im Vorjahr keine Krankheitsprobleme aufgetreten sind (siehe auch Seiten 15 und 42).

Fruchtfolge biologisch-dynamisch

In biologisch-dynamisch bewirtschafteten Gärten und Höfen werden die Pflanzenarten nach dem zu erntenden Pflanzenteil in Wurzel-, Blatt-, Blüten- und Fruchtpflanzen (oder Samenpflanzen) eingeteilt. Wird die Wurzel geerntet wie bei der Möhre, dann handelt es sich um eine Wurzelpflanze. Weitere Wurzelpflanzen sind Kartoffeln, Rettiche und Radieschen, Pastinaken, Sellerie, Rote Bete und Schwarzwurzeln. Blattpflanzen sind typische Blatt- und Stängelgemüse wie Salat, Mangold und Spinat, Blatt- und Kopfkohl, Kohlrabi, Zwiebeln und Porree. Bei den Blütenpflanzen Brokkoli, Blumenkohl und Artischocken werden die Blütenstände geerntet. Fruchtpflanzen sind zum Beispiel Gurken, Tomaten, Zucchini, Kürbisse, Paprikas, Bohnen und Erbsen, alle Obstarten und Nüsse. Auch Kräuter können in diese Einteilung einbezogen werden, je nachdem ob Wurzeln (zum Beispiel Baldrian), Blätter (zum Beispiel Basilikum), Blüten (zum Beispiel Ringelblume) oder Samen (zum Beispiel Dill) geerntet werden.

Wem das bekannt vorkommt, hat wahrscheinlich schon einmal einen Gartenmondkalender in den Händen gehalten. Auch hier werden die Pflanzen nach dem zu erntenden Teil eingeteilt. Zusätzlich werden den einzelnen Gruppen auch die Elemente Erde (Wurzelgemüse), Wasser (Blatt- und Stängelgemüse), Luft (Blütengemüse) und Feuer (Fruchtgemüse) zugeordnet.

Bei der Fruchtfolge wird neben dieser Einteilung auch der Stickstoffbedarf beachtet. Eine mögliche biologisch-dynamische Fruchtfolge könnte so aussehen: Im **ersten** Jahr werden die **Fruchtgemüse** Erbsen und Bohnen gesät. Beide brauchen keinen zusätzlichen Dünger und reichern den Boden mithilfe der Knöllchenbakterien an den Wurzeln für die kommenden Kulturen mit Stickstoff an. Im **zweiten** Jahr folgen auf diesem Beet **Wurzelgemüse** wie Möhren, die keine weitere Düngung benötigen. Im **dritten** Jahr wird dem Beet eine Kompostgabe zugeführt und starkzehrende **Blattgemüse** wie Kohl angebaut. Im **vierten** Jahr schließen die **Blütenpflanzen**, zum Beispiel Sommerblumen oder einjährige Kräuter, ab. Diese locken Insekten an und verbrauchen den übrig gebliebenen Stickstoff. Sommerblumen brauchen eventuell eine Jauchegabe im Jahr. Im fünften Jahr beginnt der Rhythmus von vorn.

Dieses Beispiel kann abgeändert werden. Die Starkzehrer können ebenso aus der Gruppe der Blütengemüse (zum Beispiel Blumenkohl) oder der Gruppe der Fruchtgemüse (zum Beispiel Kürbis) stammen. Entsprechend werden Gemüsearten aus den fehlenden Gruppen ergänzt.

Konkurrenz im Beet

Pflanzen konkurrieren um die verfügbaren Ressourcen. Das sind nicht nur Nährstoffe, sondern auch Wasser, Licht und Platz. Über der Erde geht es um Licht und Platz, unter der Erde konkurrieren die Pflanzenwurzeln um Wasser, Nährstoffe und Platz. Einige Pflanzen sind dabei gar nicht zimperlich und verschaffen sich mithilfe von Wurzelausscheidungen Raum zum Wachsen. Zu diesen Ausscheidungen gehören Stoffe, die enge Verwandte derselben Art, Mitglieder derselben Familie oder Arten anderer Familien am Wachstum hindern sollen.

Man unterscheidet interspezifische und intraspezifische Konkurrenz. Letztere ist die Konkurrenz zwischen Pflanzen derselben Art, also zum Beispiel mehreren Tomatenpflanzen in einem Beet. Interspezifisch nennt man dagegen die Konkurrenz zwischen Pflanzen verschiedener Arten, für die genannten Tomatenpflanzen bedeutet dies, dass sie sich mit einer anderen Gemüseart, zum Beispiel Kohl, das Beet teilen. Auch die Konkurrenz, die das Unkraut auf Kulturpflanzen ausübt, ist interspezifisch.

Bevor es ans Kombinieren verschiedener Gemüsearten geht, heißt es, deren arteigene Wünsche, Eigenschaften und Bedürfnisse zu kennen. Was sollten die zukünftigen Beetpartner gemeinsam haben, wo sollten sie sich ergänzen, damit keine unnötige Konkurrenz aufkommt? Allgemein gilt: Bezüglich Wasserbedarf und Wärmebedürftigkeit oder Frostempfindlichkeit sollten sich die Gemüsepartner ähnlich sein.

Ausbreitungsdrang

Pflanzen brauchen Platz zum Wachsen. Stehen sie zu dicht, wird die Konkurrenz zwischen ihnen immer größer. Das gilt nicht nur für den Abstand zwischen Pflanzen einer Art, sondern auch für verschiedene Arten. Einer der häufigsten Fehler in der Mischkultur ist es, wenn die verschiedenen Gemüsearten zu dicht gepflanzt werden. Oft wird hier zu viel des Guten getan. Je dichter die Pflanzen nebeneinanderstehen, desto größer ist die Konkurrenz um Licht und Wasser. Die Blätter der ausgewachsenen Pflanzen sollten sich gerade berühren oder etwas überlappen.

- **Große Pflanzen** wie Karden (Cardy) brauchen in alle Richtungen viel Platz um sich herum, um optimal wachsen zu können. Nachbarpflanzen sollten etwa einen Meter entfernt stehen.
- Auch die verschiedenen **Kohlarten** wie Kopfkohl und Blumenkohl brauchen viel Freiraum. Als Standardmaß können Sie sich 60 cm Abstand in der Reihe und 60 cm zur nächsten Reihe merken (60 cm × 60 cm).
- Mit weniger Platz kommen die **Salate** aus. Kopfsalat fordert einen Abstand von etwa 30 cm × 30 cm. Pflück- und Schnittsalate können je nach Sorte sogar noch dichter gesät werden (5 bis 30 cm in der Reihe).

Genaue Angaben über die Abstände zwischen und in den Reihen finden Sie auf den Samentüten oder Stecketiketten.

Die Triebe zu eng gepflanzter Gemüse sind weich und dünn und damit krankheitsanfällig. Das genaue Gegenteil vom Erwünschten tritt ein, und die Pflanzen werden trotz sorgfältiger Auswahl krank. Geben Sie den jeweiligen Partnern immer genügend Platz zum Ausdehnen und bedenken Sie auch deren spätere Größe. Vor- und Zwischenkulturen wie Salat und Kohlrabi sollten spätestens dann geerntet werden, wenn die Hauptkultur zu wachsen beginnt. Wird die Zwischenkultur zu spät geerntet, bleibt die Hauptkultur im Wachstum zurück und bringt einen geringeren Ertrag.

Werden Kulturen miteinander kombiniert, die verschiedene Abstände in und zwischen den Reihen fordern, sollte immer der jeweils größere Abstand gewählt werden.

So viel Raum braucht Gemüse zum Wachsen

hoher Platzbedarf	geringer Platzbedarf
Artischocken	Buschbohnen
Auberginen	Endivien
Feuerbohnen	Erbsen
Gartenmelde	Erdbeerspinat
Gemüsefenchel	Feldsalat
Gurken	Kohlrabi
Kartoffeln	Mangold
Knoblauch	Möhren
Kohl	Pastinaken
(alle Arten, außer Kohlrabi)	Petersilie
Kohlrüben	Porree
Kürbisse	Radieschen
Meerrettich	Rauken
Melonen	*(Salatrauke, Rucola)*
Neuseeländer Spinat	Rettiche
Pak Choi	Rote Bete
Paprikas	Salate
Puffbohnen	Schwarzwurzeln
Sellerie	Speiserüben
Spargel	Spinat
Stangenbohnen	Winterportulak
Stielmus (Rübstiel)	Zichoriensalate
Tomaten	*(Chicorée, Radicchio)*
Topinambur	Zwiebeln
Zucchini	
Zuckermais	

Standzeit

Wie lange stehen die einzelnen Gemüse auf dem Beet? Kurzlebige Arten wie Radieschen und Salate werden von den langlebigeren Arten wie Kohl und Tomaten unterschieden. Erstere bringen schon nach kurzer Zeit einen Ernteerfolg. Sie werden entweder neu nachgesät oder machen Platz für die langlebigeren Hauptkulturen. Darum werden sie auch als Neben-, Vor-, Nach- oder Zwischenkulturen bezeichnet. Die Hauptkulturen wachsen häufig viel langsamer. Der freie Platz – zwischen den noch kleinen Pflanzen – wird von den Nebenkulturen zunächst bedeckt und später freigemacht. So wird der Platz im Gemüsebeet optimal ausgenutzt und der Boden ist ständig bedeckt. Neben den kurzlebigen Kulturen und den Hauptkulturen gibt es die Dauerkulturen, die über mehrere Jahre auf ein und derselben Fläche stehen können.

So lange stehen Gemüse und Erdbeeren auf dem Beet

kurze Kulturdauer (Vor-, Zwischen- und Nachkulturen)	lange Kulturdauer (Hauptkulturen, teils Nachkulturen)	Dauerkulturen (mehrere Jahre hintereinander)
Asia-Salate	Auberginen	Artischocken
(z. B. Indischer Senf)	Endivien	Erdbeeren
Erbsen	Gartenbohnen	Karden (Cardy)
Feldsalat	*(Buschbohnen,*	Löwenzahn
Frühkartoffeln	*Stangenbohnen)*	Meerrettich
Gartenmelde	Gemüsefenchel	Rhabarber
Kohl	Grünkohl	Spargel
(frühe Sorten	Gurken	Topinambur
von Blumenkohl,	Kartoffeln	
Chinakohl, Kohlrabi,	Kohl	
Kopfkohl, Wirsing)	*(Spät- und Lager-*	
Möhren	*sorten von Brokkoli,*	
(frühe Sorten)	*Kopfkohl, Wirsing)*	
Pak Choi	Kohlrüben	

Tabelle: So lange stehen Gemüse und Erdbeeren auf dem Beet

kurze Kulturdauer (Vor-, Zwischen- und Nachkulturen)	lange Kulturdauer (Hauptkulturen, teils Nachkulturen)	Dauerkulturen (mehrere Jahre hintereinander)
Puffbohnen	Kürbisse	
Radieschen	Mangold	
Rettiche	Melonen	
(Früh- und	Möhren	
Sommersorten)	*(Winter- und*	
Salate	*Lagersorten)*	
Speiserüben	Neuseeländer Spinat	
(Mairüben,	Paprikas	
Herbstrüben,	Pastinaken	
Teltower Rübchen)	Porree	
Spinat	Rettiche	
Winterportulak	*(Herbst- und*	
	Wintersorten)	
	Rosenkohl	
	Rote Bete	
	Salatzichorien	
	(Radicchio, Chicorée)	
	Schwarzwurzeln	
	Sellerie	
	Stielmus (Rübstiel)	
	Tomaten	
	Wurzelpetersilie	
	Zuckermais	
	Zwiebeln	

Schattenspender

Unterschiedlich hohe Pflanzen ergänzen sich wunderbar. Achten Sie aber auf die Lichtansprüche, die die einzelnen Gemüse haben. Die meisten Gemüsearten und Kräuter brauchen Sonne zum Gedeihen. Schattenverträgliche Ausnahmen sind Salate, Gurken, Möhren oder Kohl. Zwei verschieden hohe Sonnenanbeter können schlecht zusammengepflanzt werden, da der höhere Gemüsepartner dem kleineren früher oder später in der Sonne steht. Wählen Sie daher für eine sonnenliebende, hochwachsende Gemüseart wie den Zuckermais einen Partner, der am Boden bleibt und mit weniger Licht zurechtkommt wie den Kürbis. Beide ergänzen sich wunderbar. Der Mais schützt den Kürbis vor zu praller Sonne und der Kürbis bedeckt den ansonsten nackten Boden unter dem Mais. Er schützt den Boden mit seinen großen Blättern vor Austrocknung und Auswaschung. Zusammen mit der Bohne sind sie die »Drei Schwestern« (mehr dazu ab Seite 96).

Zuckermais schützt Kürbis und Buschbohnen vor praller Sonne

> **Tipp** *Auch Gurken sind dankbar für schattierende Nachbarn: Dill und Kohlrabi geben den jungen Pflanzen anfangs Schatten. Wer es etwas farbenfroher wünscht, kann niedrige Sonnenblumensorten als Schattenspender zu den Gurken setzen. Die maximal vierzig Zentimeter hohen Sonnenblumen geben den Gurken Schatten, ohne für diese Starkzehrer zu Konkurrenten zu werden wie die hohen Sonnenblumensorten. Stangenbohnen und hohe Erbsensorten sind ebenfalls geeignete Schattenspender.*

Windbrecher

Gemüsearten mit großen Blättern, einer großen Blattmasse oder langen Trieben wie Kürbisgewächse, Bohnen und Tomaten sollten relativ windgeschützt gepflanzt werden. Windschutz bieten hohe Pflanzen wie Zuckermais und Sonnenblumen oder eine Windschutzhecke. Als weniger windempfindlich gelten all diejenigen Gemüse, die relativ nah am Boden bleiben, wie alle Kohl-, Salat- und Spinatarten und alle Zwiebel- und Wurzelgemüse.

Tief im Erdreich verwurzelt

Blumenkohl erreicht mit seinen Wurzeln eine Tiefe von etwa sechzig Zentimeter, er gilt damit als Tiefwurzler. Radieschen und Salate wachsen »nur« etwa dreißig Zentimeter in den Boden hinein und werden zu den Flachwurzlern gezählt. Werden Tief- und Flachwurzler auf einem Beet miteinander oder nacheinander gepflanzt, können die Nährstoffe im Boden sehr viel besser ausgenutzt werden. Im Gartenalltag bietet es sich an, zunächst Flachwurzler wie Salate und Radieschen als Vorkulturen zu säen und anschließend Tiefwurzler wie Kohlgewächse anzupflanzen. Auf diese Weise werden die leicht in tiefere Schichten auswaschbaren Nährstoffe (vor allem das Nitrat) bestens genutzt. Besonders die Nitrate werden in den Wintermonaten, in denen keine Gemüsepflanzen auf den Beeten stehen, in tiefere Schichten und das Grundwasser ausgewaschen. Wenn es zu spät für eine Nachkultur ist, sollte deshalb auf jeden Fall noch eine Gründüngung wie Senf oder Winterroggen ausgesät werden. Diese kann den Winter über stehen bleiben und schützt den Boden vor Auswaschung und Abtragung. Im Frühjahr werden die Gründüngungspflanzen dann in den Boden eingearbeitet.

> **Tipp** *Porree und Sellerie gelten aufgrund ihres dichten und starken Wurzelwerkes als gute Vorkulturen. Laubreiche Kulturen wie die Kartoffeln bereiten den Boden ebenfalls optimal vor. Sie beschatten den Boden und schützen so die Bodenstruktur.*

So tief reichen die Wurzeln in den Boden

Tiefwurzler (bis 1 m tief und tiefer)	Flachwurzler (bis 50 cm tief)
Artischocken	Endivien
Auberginen	Erbsen
Feuerbohnen	Feldsalat
Gartenbohnen	Gurken
(Buschbohnen,	Kartoffeln
Stangenbohnen)	Kohlrabi
Kohl	Kohlrüben
(alle Arten, außer Kohlrabi	Melonen
und Kohlrüben)	Radieschen
Kürbisse	Salate
Löwenzahn	Schnittlauch
Mangold	Sommerportulak
Meerrettich	Spinat
Möhren	Zuckermais
Paprikas	Zwiebeln
Pastinaken	
Porree	
Rettiche	
Rote Bete	
Schwarzwurzeln	
Spargel	
Speiserüben	
(Mairüben, Herbstrüben,	
Teltower Rübchen)	
Tomaten	
Zichoriensalate	
(Chicorée, Radicchio)	

Warm oder kalt?

Als spätfrostempfindlich und besonders wärmebedürftig gelten alle Gemüse aus den Tropen und Subtropen: Gurken, Tomaten, Paprikas, Auberginen, Garten- und Feuerbohnen und Zuckermais. Sie können zwar schon ab März unter Glas oder auf der Fensterbank vorgezogen werden, sollten aber nicht vor Mitte Mai ins Beet gepflanzt oder gesät werden. Ein guter Platz für die Empfindlichen ist auch das Gewächshaus.

Völlig winterhart sind die mehrjährigen Arten Rhabarber, Spargel, Erdbeeren, Meerrettich und Topinambur, aber auch die Wintergemüse, die erst nach dem ersten Frost so richtig gut schmecken wie Rosenkohl und Grünkohl. Auch Schwarzwurzeln und Winterporree sind winterfest.

Eine sortenabhängige Winterfestigkeit haben Feldsalat, Spinat, verschiedene Wintersalate (zum Beispiel Endivien und Radicchio), Frühlingszwiebeln, Porree und Mangold. Hier findet sich in der Sortenbeschreibung ein Hinweis. Die spätreifenden und winterfesten Sorten liefern im Frühjahr das erste gesunde Grün für die Küche, wenn sie den Winter über mit Reisig oder Vlies geschützt wurden.

Feucht oder trocken?

Alle Kohlarten und alle Kürbisgewächse brauchen während der Wachstums- und Reifezeit sehr viel Wasser. Tomaten sollten gerade während des Fruchtwachstums gleichmäßig mit Wasser versorgt werden, sonst werden die Früchte abgestoßen oder platzen auf. Paprika und Chili kommen mit mehr Trockenheit klar, sollten aber nie vollkommen austrocknen. Einen mittleren Wasserbedarf haben alle Wurzelgemüse, alle Salate und Spinat. Bohnen, Erbsen und Zwiebeln kommen mit wenig Wasser aus.

Hier sei auch auf das wohl bekannteste Mischkulturpaar Möhre und Zwiebel hingewiesen. Während die Möhre als Wurzelgemüse viel Wasser benötigt, um den Rübenkörper auszubilden, nicht nur während der Wachstums-, sondern auch während der Reifezeit, reagiert die Zwiebel empfindlich auf zu viel Wasser. Zwiebeln brauchen zur Abreife und Lagerreife weniger Wasser als die Möhren. Bei reichlicher Wasserversorgung ist die Zwiebel eindeutig die Verliererin.

Tipp *Verwöhnen Sie Ihre Pflanzen während ihrer Jugendphasen nicht mit Wasser. Dann bilden sie mehr Wurzelmasse, die auch tiefer in das Erdreich wächst. Auf diese Weise können sich die Pflanzen bei hochsommerlicher Trockenheit aus tieferen Bodenschichten mit Wasser bedienen.*

Kommunikation unter Tage

Pflanzen sind mitnichten stumm. Mit chemischen Botenstoffen, die über die Wurzeln in den Boden abgegeben werden, können sie Botschaften austauschen. So nehmen sie Kontakt zu anderen Pflanzen, Bodentieren und Mikroorganismen wie Bakterien und Pilzen in ihrer Umgebung auf. Dabei können die Botschaften ganz unterschiedlicher Natur sein.

Mit sogenannten sekundären Pflanzenstoffen können sich Pflanzen ihrer Fressfeinde erwehren. Dabei benutzen verwandte Pflanzenfamilien häufig ein ähnliches Spektrum an Stoffen (zum Beispiel Isoflavonoide bei Schmetterlingsblütengewächsen und Sesquiterpene bei Nachtschattengewächsen). Einige Verbindungen sind dagegen universell und werden von vielen verschiedenen Pflanzen verwendet (zum Beispiel Phenylpropanoid-Derivate).

Die Schmetterlingsblütengewächse kommen mit den stickstofffixierenden *Rhizobium*-Bakterien ins Gespräch, um daraufhin zum gegenseitigen Nutzen eine lebenslange Partnerschaft (Symbiose) einzugehen.

Auch untereinander können sich Pflanzen verständigen. Mit ihren Wurzelausscheidungen stecken sie ihre Reviere ab und wehren so Freunde, Feinde und Familienmitglieder ab. Entscheidend ist hierbei die Reaktionsempfindlichkeit der Empfängerpflanzen. Leiden sie unter Nährstoffmangel oder Wasserstress, reagieren sie sehr viel empfindlicher auf giftige Stoffe. Doch sind nicht alle Pflanzen feindlich gesinnt, sie können sich auch gegenseitig unterstützen.

Selbstunverträglichkeit

Nicht immer sind Fruchtfolgekrankheiten und -schädlinge der Grund für die empfohlenen Anbaupausen. Werden eine Art oder Vertreter ein und derselben Familie mehrere Jahre hintereinander auf demselben Beet angebaut, kann es zu Ertragsrückgängen kommen. Im schlimmsten Fall auch zu einer verminderten Samenkeimung. Schuld daran sind art- und familienspezifische Wurzelausscheidungen, die den Boden für nachfolgende Familienmitglieder »untauglich« machen. Dieses Phänomen wird Selbstunverträglichkeit genannt. Das Gegenteil ist die Selbstverträglichkeit, bei der, wenn keine Fruchtfolgekrankheiten auftreten, Arten mehrere Jahre hintereinander auf demselben Beet stehen können.

Bekannte selbstunverträgliche Arten sind einige Schmetterlingsblütengewächse (darunter Erbsen, Gartenbohnen, Feuerbohnen und Kichererbsen), alle Doldenblütengewächse, einige Kürbisgewächse (unter anderem Zucchini und Kürbisse), einige Lippenblütengewächse (darunter die Kräuter Majoran und Bohnenkraut) und Kreuzblütengewächse (darunter Gartenkresse und Meerrettich). Hier gelten die Anbaupausen aus der Übersicht auf Seite 15.

Gegensätzliche Meinungen gibt es zu den Nachtschattengewächsen Tomate und Kapstachelbeere, die sowohl als selbstverträglich als auch als selbstunverträglich gelten (siehe auch Seite 15).

Selbstunverträglichkeiten gibt es nicht nur unter Gemüse und Kräutern, auch Stauden können davon betroffen sein. Bekannte Beispiele sind Rittersporn und Staudenmargerite (mehr dazu ab Seite 130).

Bodenmüdigkeit

Die Selbstunverträglichkeit, die Anreicherung von pflanzengiftigen Wurzelausscheidungen, wird zum Teil auch für die Bodenmüdigkeit verantwortlich gemacht. Als weitere Auslöser für die Bodenmüdigkeit sind auch Ansammlungen von Bodenpilzen und Fruchtfolgeschädlingen (darunter vor allem die Nematoden) sowie Fruchtfolgekrankheiten in der Diskussion. Wahrscheinlich ist es eine Kombination verschiedener Ursachen, welche die Bodenmüdigkeit bedingt.

Besonders betroffen sind die Rosengewächse, zu denen neben den Rosen auch viele Obstgehölze (unter anderem Äpfel, Birnen, Pfirsiche, Kirschen und Pflaumen) gehören. Die Symptome der Bodenmüdigkeit reichen von einer allgemeinen Schwäche der Pflanzen bis hin zu einer höheren Krankheitsanfälligkeit und zum Absterben. Sie treten erst dann in Erscheinung, wenn beispielsweise ein Apfelbaum an dieselbe Stelle gesetzt wird, wo vorher schon ein Apfelbaum stand. Der neu gepflanzte Apfelbaum wächst schlecht an und kränkelt. Darum ist es in solch einem Fall besser, entweder eine andere Pflanzstelle zu wählen oder den Boden großräumig auszutauschen.

Einzelgänger im Garten

Die Walnuss, die lieber allein sein will

Bereits im ersten Jahrhundert nach Christus beschrieb Plinius der Ältere in seiner »Historia naturalis« den hemmenden Einfluss, den Walnussbäume auf andere Walnüsse, aber auch artfremde Pflanzen in ihrer Umgebung ausüben. Schuld daran ist die Substanz Juglon, die über verrottende Blätter und durch Regenabspülung in den Boden gelangt. Da lässt sich nichts machen, ein Walnussbaum steht lieber für sich allein. Sie können aber von den fliegen- und mückenabwehrenden Stoffen profitieren, die der Baum aussendet. Stellen Sie eine Bank unter diesen besonderen Baum, denn Sie sind mit Sicherheit willkommen.

Wermut & Johannisbeere

Ein weiterer Einzelgänger ist der Wermut *(Artemisia absinthium)*. Gräbt man eine Nachbarpflanze eines Wermutstrauchs aus, sieht man, dass deren Wurzeln vom Wermut wegwachsen. Selbst die Tierwelt scheint mit dem Wermut ihre Probleme zu haben: Regenwürmer meiden ihn, und auch viele Insekten wagen sich nicht in seine Nähe. Dabei würde Letzteres ihn doch zu einem guten Nachbarn machen! Vermutlich sind die starken Bitterstoffe, darunter das Thujon, Harze und Gerbstoffe, die der Wermut ausscheidet, Schuld an seiner geringen Beliebtheit. Aber halt! Eine hält es tatsächlich in seiner Nähe aus: die Johannisbeere. Wächst der Wermut nämlich neben seiner Freundin Johannisbeere, wird diese nicht vom Johannisbeersäulenrost befallen. Warum das so ist, ist noch nicht geklärt.

Auch Liebstöckel *(Levisticum officinale)* und der Wermutverwandte Beifuß *(Artemisia vulgaris)* mögen keine Nachbarn, auch wenn sie nicht so energisch gegen sie vorgehen wie der Wermut. Übrigens sind alle drei mit sich selbst unverträglich, d. h., fällt mal ein Wermut aus, sollten Sie auf keinen Fall einen neuen Wermut an dieselbe Stelle pflanzen!

Tipp *Es gibt Unterschiede in der Griesgrämigkeit des Wermuts. Gartensorten wie 'Lambrook Silver' vertragen sich ausgezeichnet mit anderen Stauden. Aber wahrscheinlich fehlt ihnen auch die »gesundende« Wirkung auf die Johannisbeere.*

Wermut schützt Johannisbeeren vor dem Johannisbeersäulenrost

Chemische Botschafter

Senfölglykoside
Senfölglykoside oder Glucosinolate sind Schwefelverbindungen. Sie werden von vielen Pflanzenfamilien produziert, in besonders hohen Mengen von den Kreuzblütengewächsen (zu denen unter anderem die Kohlarten gehören), den Kaperngewächsen (zu denen unter anderem der Kapernstrauch gehört) und den Resedengewächsen (zu denen unter anderem die Reseden gehören). Senfölglykoside dienen oft als Vorzeigebeispiele für allelopathische Verbindungen, die toxisch auf Pflanzen wirken. Bis heute wurden etwa hundert verschiedene Glucosinolate aus Pflanzen isoliert und identifiziert. Die Zusammensetzung der verschiedenen Glucosinolate ist genetisch festgelegt und variiert je nach Pflanzenart und Pflanzenorgan, wobei einige Pflanzen nur einzelne, andere dagegen zahlreiche Verbindungen synthetisieren können. Ein besonders hoher Gehalt an Glucosinolaten ist in Samen zu finden (zum Beispiel in Senfsamen). Während der Keimung nimmt der Gehalt jedoch schnell ab.

Das Glucosinolat selbst hat gar kein allelopathisches Potenzial. Einzig das Glucosinolat Glucobrassicin (zum Beispiel in Raps) kann unter anderem das Wurzelwachstum von Weizen hemmen. Erst die Abbauprodukte der Glucosinolate, die Isothiocyanate, Nitrile und Thiocyanate, zeigen eine giftige Wirkung auf Pflanzen, Nematoden, Pilze und Insekten. Der Abbau findet vornehmlich dann statt, wenn das Pflanzengewebe verletzt oder im Boden zersetzt wird, wie durch Tierfraß, Pilzbefall oder mechanisches Zerkleinern (Mulchen).

Saponine
Saponine sollen die Aufnahmefähigkeit der Zellen für Nährstoffe verbessern und kommen je nach Pflanzenart in verschieden hohen Konzentrationen vor. Willkommene Beetnachbarn produzieren so viele Saponine, dass auch die Nachbarn davon profitieren. Für den Gärtner interessante Saponinproduzenten sind Spinat, Borretsch, Basilikum, Pimpinelle und Goldrute *(Solidago)*. Steht der Borretsch in direkter Nachbarschaft mit Kopfkohl, wächst dieser kräftiger und bildet festere Köpfe. Basilikum in der Nachbarschaft von Kürbis, Gurke und

Co. soll vor Mehltau schützen. Die Mischkulturgärtnerin Gertrud Franck favorisierte den Spinat als ein besonders hilfreiches Gemüse. Sie setzte ihn als Vorkultur, aber auch zwischen allen Gemüsereihen ein (siehe ab Seite 110).

Allicin
Der antibakterielle und auch pilzhemmende Stoff Allicin kommt in Zwiebeln, Knoblauch und anderen Alliumarten vor. Die Pflanzen in ihrer Nachbarschaft wachsen viel kräftiger und sind auch weniger anfällig für Pilzkrankheiten. Knoblauch, Zwiebeln und Co. sind daher immer gern gesehene Nachbarn. Die schwefelhaltige Verbindung Allicin sorgt ähnlich wie die Glucosinolate beim Senf für den scharfen Geschmack der Zwiebelgewächse.

Gartenkresse ist ein Kreuzblütengewächs und enthält reichlich Senfölglykoside. Da sich Kresse schlecht mit anderen Pflanzen – und sich selbst – verträgt, wächst sie am besten in einem eigenen Pflanzgefäß.

Gesund und widerstandsfähig

Wer gesunde Pflanzen haben möchte, fängt nicht erst dann mit Schutzmaßnahmen an, wenn die Pflanzen bereits krank sind. Vorbeugung ist das Zauberwort: Standort- und Sortenwahl spielen hierbei die entscheidenden Rollen. Ein Schädlingsbefall oder eine Krankheit lässt sich aber nicht immer verhindern. In solch einem Fall steht die »Nützlingspolizei« schon zum Einsatz bereit.

Die Pflanzenschutzwirkung, die viele Menschen als Erstes mit der Mischkultur verbinden, ist eigentlich die kleinste Ursache für das erfolgreiche Funktionieren einer gekonnten Mischung verschiedener Pflanzen. Die Mischkultur ist nur eine der vielen vorbeugenden Maßnahmen, die im Garten zur Pflanzengesundheit beitragen können. Es wäre fatal, nur auf die Mischkultur zu vertrauen. Die möglichen Kombinationen sind zwar sehr vielfältig, halten aber nicht alle Schädlinge fern, sondern meist nur einen oder einige wenige. Oftmals beruht die Wirkung hinzugesetzter Kräuter und Sommerblumen eher auf dem Anlocken von nützlichen Insekten (und manchmal leider auch von Schädlingen).

Vorsicht ist besser als Nachsicht

Standort- und Sortenwahl

Wählen Sie nur solche Gemüsearten, die für Ihren Gartenboden geeignet sind. Sind Boden- und Klimabedingungen nicht optimal, ist die Abwehr der Pflanzen geschwächt und Schädlinge und Krankheiten haben ein leichtes Spiel.

Säen Sie widerstandsfähige oder sogar resistente Sorten aus. Das können alte, samenechte Sorten oder auch moderne Hybridsorten sein. Die Pflanzen können trotz ihrer Widerstandsfähigkeit Schadsymptome zeigen, leiden aber nicht unter dem Befall, und die Ernte ist gesichert.

Tabelle: Auswahl widerstandsfähiger und resistenter Sorten

Auswahl widerstandsfähiger und resistenter Sorten

Gemüseart	Sortenauswahl	widerstandsfähig, resistent gegen
Erbsen	'Vitara', 'Zuccola', 'Dorian', 'Delikata'	Echter Mehltau
Feldsalat	'Vit', 'Elan	Falscher Mehltau
Gartenbohnen	'Golddukat', 'Blauhilde', 'Neckargold'	Brennfleckenkrankheit, Fettfleckenkrankheit
Gurken	'Bimbostar', 'Cordoba', 'Loustik'	Echter Mehltau, Falscher Mehltau
Kartoffeln	'Vitelotte Noir'	Braunfäule
	'Marabell', 'Cilena'	Nematoden
Kohl	Blumenkohl 'Fremont', Chinakohl 'Mas'	Kohlhernie*
Möhren	'Resistafly', 'Flyaway'	Möhrenfliege
Salate	'Leny', 'Fiorella', 'Dynamite'	Grüne Salatblattlaus
	'Sparta', 'Concorde'	Falscher Mehltau
	'Muck', 'Verna'	Salatfäule
Spinat	'Allegro', 'Lazio', 'Bella'	Falscher Mehltau
Tomaten	'Philovita', 'Phantasia', 'Vitella', 'Cerise', 'Golden Currant'	Braunfäule
	'Culina', 'Sparta', 'Bolzano', 'Corianne', 'Agro', 'Sweet Million'	Samtflecken, Fusarium-Welke, Verticillium-Welke
Zucchini	'Dundoo', 'Mirza', 'Radiant'	Echter Mehltau

*Kohlhernieresistente Kohlsorten können zwar angebaut werden, doch kann so die Krankheit nicht bekämpft werden. Verzichten Sie bei kohlhernieverseuchten Böden lieber auf Kohl oder halten Sie die Anbaupause von zehn Jahren ein.

Der beste Schutz vor Gemüsefliegen

Passen Möhren und Zwiebeln wirklich so gut zusammen? Sie sollen sich zwar gegenseitig ihre jeweilige »Fliegen« vom Hals halten, aber es ist nicht sicher, ob es wirklich funktioniert. Den einzig wahren Schutz vor Gemüsefliegen bieten Schutznetze, die gleich nach der Saat oder Pflanzung über die Beete gelegt werden. Wichtig ist, dass sie an den Rändern gut festgesteckt werden. Das sieht zwar nicht hübsch aus, wirkt aber außerordentlich gut. Und Sie können madenfreie Möhren, Zwiebeln und Radieschen ernten. Übrigens halten Schutznetze mit einer Maschenweite von 1,2 bis 1,6 mm auch Erdflöhe, Wurzelläuse und verschiedene Schmetterlinge wie Kohlweißling und Kohleule fern, deren Raupen sich von Gemüsepflanzen ernähren. Ein Befall mit der Kohlmottenschildlaus (Weiße Fliege) wird vermindert.

Wenn Sie die Kombination von Möhren und Zwiebeln als Schutz vor Gemüsefliegen trotzdem ausprobieren wollen, nehmen Sie doch anstelle der Küchenzwiebeln Porree oder Lauchzwiebeln. Diese beiden haben einen ähnlichen Wasserbedarf wie die Möhre und werden nicht wie die Küchenzwiebel durch eine Mischkultur mit Möhren benachteiligt.

Unter einem Gemüseschutznetz bleiben Möhren, Zwiebeln und Radieschen gesund

Pflanzenabstand

Ein zu großes Gedränge im Beet ist selbst in einer Mischkultur zu viel des Guten. Denken Sie bitte daran, beim Pflanzen und Säen auf die Abstände in den Reihen und zwischen den Reihen zu achten. Haben Sie zu dicht gesät, sollten Sie beizeiten ausdünnen. Zwischen den Pflanzen kommt es sonst zu starker Konkurrenz (siehe auch ab Seite 32). Versuche haben gezeigt, dass bei leichter Konkurrenz im Beet höhere Erträge erzielt werden. Zu dicht dürfen die Pflanzen aber auch nicht stehen. Der positive Konkurrenzeffekt würde sich dann ins Negative verkehren.

Bedarfsgerechte Düngung

Verwöhnen Sie Ihre Pflanzen nicht mit Dünger, lassen Sie sie aber auch nicht darben. Gemästete Pflanzen haben ein weiches, mastiges Gewebe, das Schädlinge und Krankheiten geradezu anlockt. Meist sind die Pflanzen mit Stickstoff überversorgt. Das erkennen Sie an den sehr dunkelgrünen Blättern. Unterversorgte Pflanzen erkennen Sie an gelblichen Blättern (zu wenig Stickstoff), gelben Blättern mit grüner Aderung (zu wenig Eisen), rötlichen bis bräunlichen Blättern (zu wenig Phosphor), braunen Blatträndern (zu wenig Kalium) oder einem allgemein schlechten Wachstum (zu wenig Kalk). Unterversorgte Pflanzen sind ebenso geschwächt wie überversorgte Pflanzen und ein leichtes Opfer für Schädlinge.

Kontrollgang am Abend

Planen Sie allabendlich einen Rundgang durch den Gemüsegarten ein! Dabei können Sie Veränderungen an Ihren Pflanzen schnell feststellen. Raupenlöcher, Blattlauskolonien oder Pilzflecken werden schnell entdeckt und entfernt. Die Mischkultur ist nämlich kein Selbstläufer. Schädlinge und Krankheiten finden trotzdem ihren Weg in Ihren Garten und haben manchmal Glück, eine Lücke in der Abwehr zu finden.

Wirkt ein starker Duft ablenkend?

Britische Forscher des *Horticultural Research International* in Warwick untersuchten das Flugverhalten der Kleinen Kohlfliege und der Zwiebelfliege bei ihren jeweiligen Wirtspflanzen und benachbarten Pflanzenarten, die nicht auf den Speiseplänen der Fliegen stehen. Es zeigte sich, dass typische Mischkulturnachbarn und duftende Kräuter genauso erfolgreich oder erfolglos in der Abwehr der Gemüsefliegen waren wie nicht duftende und in einer Mischkultur eher unübliche Pflanzen und Unkräuter. So hatte zum Beispiel die stark duftende Zitronen-Minze einen genauso großen Ablenkeffekt wie eine weniger stark duftende Pelargonie. Der gemeinsame Abwehrfaktor war weder der Duft noch der Geschmack, sondern die grüne Farbe der Blätter. Erst, nachdem die Gemüsefliegen auf den Blättern gelandet waren, konnten sie feststellen, ob sie sich auf den richtigen Wirtspflanzen befanden. Um dann von den falschen Nichtwirtspflanzen wieder abzuheben, brauchten sie zwei- bis fünfmal länger als von den richtigen. Die Gemüsefliegen wurden bei ihrer Suche nach einem geeigneten Eiablageplatz unterbrochen. Dieser Versuch zeigt, dass auch untypische Mischkulturpartner Schädlinge ablenken können und dieses Privileg nicht allein den stark duftenden Kräutern überlassen ist. Mehr dazu lesen Sie ab Seite 146.

Gesund durch Nachbarn?

Es gibt selten Partnerschaften, bei denen alle Partner profitieren. Meist ist nur einer der Nutznießer. Der gesundheitsbringende Nachbar hat selbst oft nichts von seinem Umfeld. Die Schutzwirkung solcher Partnerschaften beruht häufig auf der Ablenkung der Schädlinge oder dem Anlocken der Gegenspieler. Ein Abschreckungseffekt, wie ihn viele erwarten, ist sehr selten. Mehr dazu finden Sie ab Seite 146. Gegen Pilzkrankheiten wie Mehltau und Grauschimmel scheinen antibakterielle und fungizide Wirkstoffe, die von einigen Pflanzen abgegeben werden, zu helfen.

Als klassisches Beispiel für gesunde Nachbarn gilt die Kombination von Kohl, Tomaten und Basilikum. Ein amerikanischer Wissenschaftler untersuchte diese Partnerschaften über mehrere Jahre und fand keinen eindeutigen Nachweis dafür, dass Basilikum Schädlinge von seinen Beetpartnern fernhält. Im Gegenteil, Kohlweißlinge und Kohlerdflöhe schienen vom Basilikum eher angezogen zu werden. Ob Tomaten Schädlinge von ihren Kohlnachbarn fernhalten oder nicht, konnte nicht eindeutig gezeigt werden. Mal waren weniger, mal mehr Schädlinge in der Mischkultur zu finden, als auf einem Beet, auf dem der Kohl allein stand. Dieses Beispiel zeigt, wie schwer es ist, die Wirksamkeit einzelner Partnerschaften nachzuweisen.

Es gibt kein Mittel gegen alle Schädlinge. Die Studentenblume *(Tagetes)* schreckt zwar einerseits Wandernde Wurzelnematoden ab, lockt aber andererseits Schnecken erst recht an. Wer möglichst viele Übeltäter von seinem Gemüsegarten fernhalten möchte, sollte auf eine sehr bunte Mischung setzen. Völlig auszuschließen sind Schädlinge dann zwar auch nicht, aber wenigstens breiten sie sich nicht aus! Wenn also mal der Kohlkopf neben der Tomate von gelbgrünschwarzen Raupen befallen wurde, Kopf hoch, da hatte ein Kohlweißlingsweibchen eben mal den richtigen »Riecher« und konnte der richtigen Duftfahne folgen!

Tipp *Mehrjährige Kräuter wie Lavendel, Thymian und Salbei sollten nicht direkt als Partner in die Gemüsebeete gepflanzt werden. Sie benötigen nur sehr geringe Mengen an Nährstoffen, die es in Gemüsegemeinschaft aber reichlich gibt. Um die guten Wirkungen einzelner Kräuter doch nutzen zu können, können Sie die mehrjährigen Kräuter als Beetumrandung, ähnlich wie die Buchsumrandung in einem Bauerngarten, setzen.*

Gesundheitsbringende Nachbarn

Tabelle: Gesundheitsbringende Nachbarn

Gesundheitsbringer	kombinierte Nachbarpflanzen	vermuteter Effekt
Basilikum	Gurken, Lilien	lockt – wenn es blüht! – bestäubende Insekten an, soll Mehltau vorbeugen und Lilienhähnchen vertreiben
Beifuß	Äpfel	weniger Läuse
Bohnenkraut	allgemein, Bohnen	gegen Fliegen, Schwarze Bohnenläuse
Borretsch	Kohl	hält Schädlinge ab
Dill	Gurken, Kohl, Möhren, Rote Bete	stärkt Widerstandskraft, fördert Keimfähigkeit fast aller neben ihm ausgesäten Samen
Duftpelargonie	Gemüse- und Zierpflanzen im Gewächshaus	hält Weiße Fliegen fern
Erbsen	Kartoffeln	vertreibt Kartoffelkäfer
Fingerhut	Kartoffeln, Malven, Obstbäume (Äpfel, Pflaumen), Stachelbeeren, Tomaten	Baumgesundheit, vor allem bei Gummifluss auf Baumscheiben, soll Abwehr gegen Malvenrost und Amerikanischen Stachelbeermehltau stärken
Gartenkresse	Radieschen, Rettiche	hält Erdflöhe fern
Kamille	Porree, Zwiebeln	soll vor Lauchmotten und Bodenkrankheiten schützen

Tabelle: Gesundheitsbringende Nachbarn

Gesundheitsbringer	kombinierte Nachbarpflanzen	vermuteter Effekt
Kapuzinerkresse	allgemein, Kohl	abwehrend auf Mäuse, Ameisen Raupen, Schnecken, Wühlmäuse, hält Erdflöhe fern
Kerbel	Salate	vertreibt Ameisen und Blattläuse, soll Mehltau vorbeugen
Knoblauch	Beeren, Erdbeeren, Gurken, Möhren, Pfirsiche, Salate, Schwarzwurzeln, Tomaten	schützt vor Pilzkrankheiten, hält Mäuse fern
Kohl, Kohlrabi	Sellerie, Tomaten	soll Sellerierost und Blattfleckenkrankheit bei Tomaten vorbeugen
Lavendel	Rosen	Duft wehrt Blattläuse und Ameisen ab
Löwenzahn	Birnen	fördert Gesundheit, wenn auf Baumscheibe gepflanzt
Majoran	Zwiebeln	soll vor Mehltau schützen
Meerrettich	Kartoffeln, Pfirsiche	vertreibt Kartoffelkäfer, Drahtwürmer, soll Kräuselkrankheit vorbeugen
Minze	Kohl	hält Kohlweißlinge, Drahtwürmer fern
Möhren	Porree, Zwiebeln	soll Lauchmotten und Zwiebelfliegen abwehren

Tabelle: Gesundheitsbringende Nachbarn

Gesundheitsbringer	kombinierte Nachbarpflanzen	vermuteter Effekt
Petersilie	Tomaten	gesundheitsfördernd
Porree	Erdbeeren, Möhren	beugt Grauschimmel vor
Ringelblumen	Chrysanthemen, Kartoffeln, Tomaten, Phlox	gegen Wandernde Wurzelnematoden
Rosmarin	Möhren	soll Möhrenfliegen fernhalten
Salate	Kohl, Radieschen, Rettiche	hält Erdflöhe fern
Salbei	fast alle Gemüsearten	hält Läuse, Schnecken, Schmetterlinge fern
Sellerie	Kohl	hält Kohlweißlinge fern
Spinat	Kohl	hält Erdflöhe fern
Tagetes	Chrysanthemen, Kartoffeln, Tomaten, Phlox	gegen Wandernde Wurzelnematoden
Thymian	allgemein	hält Schadinsekten fern
Tomaten	Kohl	hält Kohlweißlinge fern
Wermut	Johannisbeeren, Stockrosen	schützt vor Johannisbeersäulenrost und Malvenrost
Zinnien	Tomaten	gegen Wandernde Wurzelnematoden

Lockmittel für nützliche Insekten

Viele nützliche Insekten ernähren sich von Pollen (Proteine) und Nektar (Kohlenhydrate). Ihre Larven jedoch sind als Räuber und Jäger auf der Suche nach anderen Insekten, darunter viele für unsere Gartenkulturen schädliche. Marienkäfer und Laufkäfer ernähren sich auch als ausgewachsene Käfer von Insekten. Mit pollen- und nektarreichen Blütenpflanzen können Sie nützliche Insekten wie Schwebfliegen, Florfliegen und Marienkäfer in Ihren Garten und speziell zu gefährdeten Kulturen locken. Verschiedene Ziergräser haben einen ganz anderen Wert für Insekten. Sie sind hervorragende Unterschlupfmöglichkeiten, besonders im Winter.

- Die **Kornblume** *(Centaurea cyanus,* Korbblütengewächs) hat einen sehr hohen Zuckergehalt im Nektar, von dem sich Schwebfliegen, Marienkäfer, Florfliegen und Schlupfwespen ernähren.
- **Borretsch** *(Borago officinalis,* Raublattgewächs) lockt viele nützliche Insekten, darunter auch Marienkäfer und Florfliegen, an. Letztere legen ihre Eier bevorzugt auf Borretschblättern ab.
- Die **Agastachen** *(Agastache foeniculum, Agastache rugosa,* Lippenblütengewächse) sind sehr nektarreich. Beliebt sind sie bei Schmetterlingen und verschiedenen Nützlingen.
- Die **Färberkamille** *(Anthemis tinctoria,* Korbblütengewächs) lockt Marienkäfer, Florfliegen, Schwebfliegen, Schlupfwespen und Raupenfliegen in den Garten.
- **Fenchel** *(Foeniculum vulgare)* und andere Doldenblütengewächse wie **Dill** und **Wilde Möhre** enthalten einen Blütennektar und Pollen, von dem sich viele Insekten ernähren.

Hilfreiche Freunde

- **Schlupfwespenlarven** leben parasitisch in Blattläusen, Weißen Fliegen, Raupen oder Fliegenlarven. Um diese unscheinbaren Nützlinge zu schützen, sollten Sie Baumschnitt nicht verbrennen, denn hier könnten Larven und erwachsene Schlupfwespen überwintern.
- **Schwebfliegenlarven** leben räuberisch von Blattläusen. In Insektennistkästen finden sie eine Überwinterungsmöglichkeit und sind im folgenden Frühjahr als Blattlauspolizei wieder voll im Einsatz.
- **Florfliegenlarven** haben Blattläuse, Spinnmilben, Schildläuse und Blutläuse auf ihrem Speiseplan. Florfliegen überwintern in kühlen Räumen, verirren sich aber auch ins Haus. Dann sollte man sie nicht verjagen, sondern in ein kühles Winterquartier bringen!
- **Marienkäfer** und ihre Larven verzehren viele hundert Blattläuse. Die Käfer überwintern in Laubhaufen, Rindenritzen und Schuppen.
- **Laufkäfer** und ihre Larven jagen Blattläuse, Spinnmilben, Kartoffelkäfer, Raupen, Drahtwürmer, verpuppte Larven und sogar Schnecken. Sie lieben feuchte Plätze, die sie unter Laubhaufen, Steinen oder Holz finden.
- **Blumenwanzen** und **Weichwanzen** leben räuberisch von Insekten und Milben.
- **Ohrwürmer** ernähren sich von allerlei Insekten, darunter auch Blattläusen. Ein umgedrehter Blumentopf, mit ein wenig Holzwolle oder Stroh gefüllt, reicht den Räubern schon als Tagesbehausung.
- **Spinnen** fangen allerlei Schmetterlinge, Fliegen, Käfer, Raupen, Wanzen und Läuse.
- **Raubmilben** sind winzig klein und unscheinbar. Sie machen Jagd auf Spinnmilben.
- **Vögel** fangen jede Menge Raupen, Schnecken, Blattläuse und Käfer, und das vor allem während der Aufzucht ihrer Jungen. Mit Vogelbädern, Futterplätzen und Nistmöglichkeiten schaffen Sie einen vogelfreundlichen Garten.
- **Maulwürfe** sind eifrige Insekten- und Schneckenjäger.
- **Igel** machen Jagd auf Insekten, Schnecken und Würmer. Sie bauen ihre »Basisstation« dort, wo Laub und Äste liegen bleiben.

Alles wird gut

Beetpartner sollen sich gegenseitig nicht nur vor Krankheiten und Schädlingen schützen. Verschiedenen Partnerschaften werden auch andere gute Eigenschaften nachgesagt: von einem allgemein besseren Wachstum der Partner über höhere Erträge bis hin zu einer Verbesserung des Geschmacks. Nachzuweisen ist es nicht. Probieren Sie es einfach aus und machen Sie sich Ihre eigenen Gedanken!

Lässt Basilikum Tomaten besser schmecken?

In vielen Mischkulturtabellen ist zu lesen, dass Tomaten, die in der Nähe von Basilikum stehen, einen besseren Geschmack haben als Tomaten, die nicht neben Basilikum stehen (siehe auch nebenstehende Tabelle). Nun, eines ist klar, Tomatensalat mit Basilikum ist sehr lecker. Ob diese kulinarische Partnerschaft aber auch im Beet funktioniert, ist sehr subjektiv und wahrscheinlich von vielen äußeren Einflüssen abhängig. Eine amerikanische Studie ergab, dass bei Blindtests kein geschmacklicher Unterschied zwischen einer »Basilikum-Tomate« und einer »Monokultur-Tomate« festgestellt werden konnte. Wahrscheinlich wird der Geschmack viel stärker von der gewählten Sorte, dem Boden, der Düngung und Bewässerung und dem Klima beeinflusst als von einer Nachbarpflanze.

Wie sich Pflanzen gegenseitig beeinflussen können

Pflanzen	Nachbarpflanzen	vermutete Wirkung
Basilikum	Tomaten	Aroma
Bohnenkraut	Gartenbohnen, Rote Bete, Salate	Aroma
Duftveilchen	Erdbeeren, Obstbäume	Aroma
Fingerhut	Kartoffeln, Malven, Obstbäume (Äpfel, Pflaumen), Stachelbeeren, Tomaten	gesundes, kräftiges Wachstum, reiche Ernte
Gartenkresse	Radieschen, Rettiche	Aroma
Kamille	Möhren, Zwiebeln	Aroma, fördert Wachstum auf Sandböden
Kapuzinerkresse	Radieschen, Rettiche	Aroma
Kerbel	Salate	feste Salatköpfe
Kümmel	Kohl, Rote Bete	Aroma
Majoran	Möhren, Tomaten	reiche Ernte, bessere Gesundheit
Möhren	Markerbsen	fördern frühes Wachstum
Oregano	Möhren, Tomaten	reiche Ernte, bessere Gesundheit
Pfefferminze	Kartoffeln	regt Wachstum an
Salbei	Gemüsefenchel, Salate	Aroma
Sellerie	Tomaten	Aroma, Ertrag
Spinat	fast alle Gemüsearten	fördert durch Saponine benachbarte Pflanzen im Wachstum

Partnerschaften im Beet

Partner auf einen Blick
Bewährte und bekannte Mischkulturkombinationen beruhen häufig auf Familienzusammengehörigkeit, Nährstoffbedarf und beobachteten positiven oder negativen Effekten, manchmal sogar auf Esoterik (siehe auch Seite 143).

Ungereimtheiten
In die Zusammenstellung der Mischkulturübersichten in diesem Buch sind Informationen aus vielen Quellen eingeflossen. Einige Kombinationen sind widersprüchlich, andere nicht ganz nachzuvollziehen. Mir kam es jedenfalls seltsam vor, dass die einzelnen Kohlarten so unterschiedliche Mischkulturpartner haben können. Schließlich sind sie alle sehr eng miteinander verwandt. Ohne jegliche Wertung habe ich die Daten für jedes Gemüse zusammengefasst. Die Übersichten enthalten neben den günstigen und ungünstigen Beetnachbarn auch eine Spalte, in der die widersprüchlichen Informationen aufgelistet sind. Gemüsenachbarn, die mal als günstig, mal als ungünstig beschrieben wurden, sind nicht einfach weggelassen worden, sondern haben hier ihren Platz gefunden. Solch »sperrige« Kombinationen müssen nicht falsch sein. Bei meinen Recherchen habe ich festgestellt, dass sie sich zum Teil regional unterscheiden. Aus den wenigen wissenschaftlichen Untersuchungen, die sich mit dem Thema Mischkultur bisher beschäftigt haben, konnte ich die Erkenntnis gewinnen, dass Mischkultureffekte von vielen Faktoren abhängig sind: Boden, Klima, gewählte Sorte und Düngung scheinen eine viel entscheidendere Rolle zu spielen als der direkte Nachbar. Probieren Sie die fraglichen Kombinationen einfach selbst aus!

Wichtig: Wenn ein Mitglied einer Gemüsefamilie für eine andere Gemüseart als unverträglich gilt, sollte man erst einmal davon ausgehen, dass diese Unverträglichkeit auf andere Familienmitglieder ebenfalls zutrifft. Auch wenn es nicht ausdrücklich erwähnt wird!

Mal viel, mal wenig

Wenn Sie sich in die Übersichten vertiefen, werden Sie feststellen, dass es zu einigen Gemüsearten wie den verschiedenen Kohlarten und Salaten eine große Menge an möglichen und unmöglichen Partnern gibt, bei anderen dagegen weniger. Das liegt einfach daran, dass Kohl und Salate zu den am häufigsten angebauten Gemüsearten zählen und daher auch viele Gärtner ihre Erfahrungen zu Papier gebracht haben. Gemüsearten, die nicht als Partner erwähnt werden, sind nicht automatisch ungünstig, sondern diese Kombination wurde einfach noch nicht dokumentiert!

Nachfolgend finden Sie die Gemüse- und Kräuterkombinationen. Die Kombinationen mit Obst und Zierpflanzen finden Sie ab Seite 108 und ab Seite 130. Noch ein Wort zu den beiden Gemüseübersichten. Die erste Übersicht enthält gängige Gemüsearten wie Möhren, Salate und Kohl, die häufig angebaut werden. In der zweiten Übersicht stehen seltenere Gemüsearten wie Neuseeländer Spinat, Auberginen und Asia-Salate.

Um die Übersichten auch übersichtlich zu halten, habe ich einige nahe verwandte Gemüsearten zusammengefasst. So umfasst der Begriff »Kohl« alle Kohlarten außer Kohlrabi, sofern sie nicht extra erwähnt werden. Desgleichen sind unter dem Begriff »Erbsen« die Zuckererbsen, Markerbsen und Palerbsen und unter »Gartenbohnen« die Buschbohnen und Stangenbohnen zusammengefasst.

Gemüsearten und ihre Partner

Tabelle: Gemüsearten und ihre Partner

Gemüseart	günstige Partner	ungünstige Partner	widersprüchliche Informationen
Blumenkohl *(Brassica oleracea var. botrytis)*	Dill, Eberraute, Gartenbohnen, Kartoffeln, Kümmel, Neuseeländer Spinat, Pfefferminze, Puffbohnen, Rosmarin, Salbei, Sellerie, Thymian, Wermut, Ysop	Brokkoli, Chinakohl, Erdbeeren, Grünkohl, Kopfkohl, Pak Choi, Rettiche, Rosenkohl, Rote Bete, Senf, Spinat, Tomaten	Kohlrabi
Brokkoli *(Brassica oleracea var. italica)*	Dill, Eberraute, Endivien, Kamille, Kartoffeln, Kümmel, Oregano, Pfefferminze, Rosmarin, Salate, Schnittlauch, Sellerie, Thymian, Wermut, Ysop	Brokkoli, Chinakohl, Erdbeeren, Gartenbohnen, Grünkohl, Möhren, Kopfkohl, Pak Choi, Radieschen, Rettiche, Rosenkohl, Senf, Spinat, Tomaten	Kohlrabi
Chicorée *(Cichorium intybus)*	Fenchel, Gartenbohnen, Kopfsalate, Möhren, Rote Bete, Tomaten, Zwiebeln		

Tabelle: Gemüsearten und ihre Partner

Gemüseart	günstige Partner	ungünstige Partner	widersprüchliche Informationen
Chinakohl (*Brassica rapa ssp. chinensis*)	Endivien, Erbsen, Gartenbohnen, Gartenmelde, Kopfsalate, Möhren, Neuseeländer Spinat, Spinat	Brokkoli, Chinakohl, Grünkohl, Kartoffeln, Kohlrabi, Kopfkohl, Pak Choi, Porree, Radieschen, Rettiche, Rosenkohl	
Endivien (*Cichorium endivia*)	Brokkoli, Fenchel, Gartenbohnen, Grünkohl, Kohlrabi, Kopfkohl, Möhren, Porree, Radieschen, Rettiche, Tomaten	Chicorée, Radicchio	
Erbsen (Markerbsen, Palerbsen, Zuckererbsen) (*Pisum sativum*)	Auberginen, Fenchel, Grünkohl, Gurken, Kohl, Kohlrabi, Möhren, Pfefferminze, Rettiche, Ringelblumen, Rosenkohl, Rote Bete, Salate, Sellerie, Spinat, Zucchini, Zuckermais	Knoblauch, Meerrettich, Paprikas, Porree, Tomaten, Zwiebeln	Gartenbohnen, Kartoffeln

Tabelle: Gemüsearten und ihre Partner

Gemüseart	günstige Partner	ungünstige Partner	widersprüchliche Informationen
Feldsalat *(Valerianella locusta)*	Barbarakresse, Endivien, Erdbeeren, Gartenbohnen, Kohlrabi, Kopfkohl, Porree, Radieschen, Ringelblumen, Spinat, Zwiebeln	Baldrian	
Fenchel *(Foeniculum vulgare)*	Basilikum, Blumenkohl, Brokkoli, Chicorée, Endivien, Feldsalat, Grünkohl, Gurken, Kohl, Kopfsalat, Kürbisse, Neuseeländer Spinat, Porree, Radicchio, Rosenkohl, Spinat, Zucchini, Zuckerhutsalat	Barbarakresse, Estragon, Gartenbohnen, Koriander, Kümmel, Puffbohnen, Tomaten, Weinraute, Zitronenmelisse	Erbsen, Kohlrabi
Gartenbohnen (Buschbohnen, Stangenbohnen) *(Phaseolus vulgaris)*	Auberginen, Bohnenkraut, Dill, Endivien, Gurken, Kartoffeln, Kohlrabi, Kopfkohl, Mairüben, Mangold, Radieschen, Rettiche, Rhabarber, Rosmarin, Salate, Sellerie, Spinat, Thymian	Brokkoli, Fenchel, Knoblauch, Meerrettich, Möhren, Porree, Sonnenblumen, Zwiebeln	Erbsen, Erdbeeren, Grünkohl

Tabelle: Gemüsearten und ihre Partner

Gemüseart	günstige Partner	ungünstige Partner	widersprüchliche Informationen
Grünkohl (*Brassica oleracea var. sabellica*)	Endivien, Erbsen, Gartenbohnen, Gurken, Kohlrabi, Mangold, Petersilie, Pfefferminze, Radicchio, Radieschen, Rettiche, Rote Bete, Sellerie, Zuckerhutsalat	Brokkoli, Chinakohl, Grünkohl, Kartoffeln, Knoblauch, Kopfkohl, Pak Choi, Porree, Rosenkohl, Zwiebeln	
Gurken (*Cucumis sativus*)	Basilikum, Birnen, Blumenkohl, Borretsch, Brokkoli, Dill, Erbsen, Fenchel, Gartenbohnen, Grünkohl, Kohlrabi, Kopfkohl, Kopfsalate, Liebstöckel, Meerrettich, Möhren, Petersilie, Pfefferminze, Puffbohnen, Rosenkohl, Rote Bete, Schwarzwurzeln, Sellerie, Spinat, Zuckermais, Zwiebeln	Kartoffeln, Majoran, Paprikas, Radieschen, Salbei, Thymian, Tomaten	Rettiche

Tabelle: Gemüsearten und ihre Partner

Gemüseart	günstige Partner	ungünstige Partner	widersprüchliche Informationen
Kartoffeln (*Solanum tuberosum*)	Auberginen, Baldrian, Bohnenkraut, Dill, Erdbeeren, Estragon, Gartenbohnen, Kapuzinerkresse, Lavendel, Meerrettich, Petersilie, Pfefferminze, Puffbohnen, Ringelblumen, Spinat, Zitronenmelisse, Zuckermais	Äpfel, Aprikosen, Brokkoli, Chinakohl, Gartenmelde, Grünkohl, Gurken, Himbeeren, Knoblauch, Kürbisse, Pak Choi, Rosenkohl, Rote Bete, Sommerportulak, Sonnenblumen, Tomaten, Zucchini, Zwiebeln	Erbsen, Kohlrabi, Kopfkohl, Sellerie
Kohlrabi (*Brassica oleracea var. gongylodes*)	Borretsch, Dill, Eberraute, Erbsen, Feldsalat, Gartenmelde, Gurken, Kamille, Kartoffeln, Kopfsalat, Kümmel, Pfefferminze, Porree, Puffbohnen, Rosmarin, Rote Bete, Salate, Salbei, Schwarzwurzeln, Sellerie, Thymian, Wermut, Ysop, Zwiebeln	Brokkoli, Chinakohl, Erdbeeren, Fenchel, Grünkohl, Kohlrabi, Kopfkohl, Pak Choi, Rosenkohl, Senf	Gartenbohnen, Paprikas, Radieschen, Rettiche, Spinat, Tomaten

Tabelle: Gemüsearten und ihre Partner

Gemüseart	günstige Partner	ungünstige Partner	widersprüchliche Informationen
Kopfkohl (*Brassica oleracea var. capitata*)	Dill, Eberraute, Endivien, Erbsen, Feldsalat, Fenchel, Gartenmelde, Gurken, Kamille, Kerbel, Kürbisse, Lavendel, Majoran, Mangold, Meerrettich, Möhren, Oregano, Pfefferminze, Porree, Puffbohnen, Rhabarber, Rosmarin, Salate, Salbei, Schnittlauch, Sellerie, Spargel, Thymian, Wermut, Ysop	Brokkoli, Chinakohl, Erdbeeren, Grünkohl, Knoblauch, Kohlrabi, Kopfkohl, Pak Choi, Rosenkohl, Senf, Wein, Zwiebeln	Gartenbohnen, Kartoffeln, Kopfsalat, Paprikas, Radieschen, Rettiche, Spinat, Tomaten, Rote Bete
Mangold (*Beta vulgaris ssp. cicla*)	Basilikum, Gartenbohnen, Kohl, Kohlrabi, Mairüben, Möhren, Radieschen, Rettiche, Salate	Gartenmelde, Rote Bete, Spinat	

Tabelle: Gemüsearten und ihre Partner

Gemüseart	günstige Partner	ungünstige Partner	widersprüchliche Informationen
Möhren (*Daucus carota*)	Endivien, Erbsen, Gurken, Knoblauch, Kohl, Kohlrabi, Kohlrüben, Koriander, Mangold, Porree, Portulak, Puffbohnen, Radieschen, Rettiche, Rosmarin, Salate, Salbei, Schnittlauch, Schwarzwurzeln, Spinat, Tomaten, Wermut	Anis, Petersilie, Rote Bete	Dill, Sellerie, Zwiebeln
Porree (*Allium porrum*)	Dill, Endivien, Erdbeeren, Feldsalat, Fenchel, Grünkohl, Gurken, Kohlrabi, Kohl, Kopfsalate, Möhren, Radieschen, Rettiche, Rosenkohl, Schwarzwurzeln, Sellerie, Spinat, Tomaten	Erbsen, Gartenbohnen, Knoblauch, Majoran, Rote Bete, Spargel	Brokkoli, Schnittlauch
Puffbohnen (*Vicia faba*)	Basilikum, Bohnenkraut, Brokkoli, Gartenmelde, Kartoffeln, Kerbel, Majoran, Möhren, Rosenkohl, Rosmarin, Spinat, Stachelbeeren, Thymian, Winterportulak	Erbsen, Fenchel, Gartenbohnen	

Tabelle: Gemüsearten und ihre Partner

Gemüseart	günstige Partner	ungünstige Partner	widersprüchliche Informationen
Radieschen (*Raphanus sativus*)	Eiskraut, Feldsalat, Gartenbohnen, Gartenmelde, Kohlrabi, Mangold, Möhren, Pastinaken, Porree, Salate, Spinat, Tomaten	Brokkoli, Chinakohl, Grünkohl, Gurken, Kopfkohl, Radieschen, Rettiche, Rosenkohl, Senf, Zwiebeln	
Rettiche (*Raphanus sativus*)	Eiskraut, Feldsalat, Gartenbohnen, Gartenmelde, Kerbel, Kohlrabi, Koriander, Mangold, Möhren, Pastinaken, Porree, Salate, Schnittlauch, Spinat, Tomaten	Brokkoli, Chinakohl, Grünkohl, Kopfkohl, Radieschen, Rettiche, Rosenkohl, Senf, Wein, Ysop, Zwiebeln	Gurken
Rhabarber (*Rheum rhabarbarum*)	Feldsalat, Gartenbohnen, Knoblauch, Kohlrabi, Kopfkohl, Kopfsalate, Spinat		
Rosenkohl (*Brassica oleracea var. gemmifera*)	Dill, Eberraute, Gartenmelde, Kamille, Kartoffeln, Kümmel, Oregano, Porree, Rosmarin, Salate, Salbei, Sellerie, Thymian, Wermut, Ysop, Zuckermais	Brokkoli, Gartenbohnen, Grünkohl, Kopfkohl, Radieschen, Rettiche, Rosenkohl, Senf, Tomaten, Zwiebeln	Pfefferminze, Spinat

Tabelle: Gemüsearten und ihre Partner

Gemüseart	günstige Partner	ungünstige Partner	widersprüchliche Informationen
Salate (Eissalate, Kopfsalate, Pflücksalate) (*Lactuca sativa*)	Basilikum, Dill, Erbsen, Erdbeeren, Gartenbohnen, Grünkohl, Gurken, Johannisbeeren, Kerbel, Knoblauch, Kohlrabi, Kopfkohl, Mairüben, Möhren, Portulak, Radieschen, Rhabarber, Rosenkohl, Rote Bete, Thymian, Tomaten, Zuckermais, Zwiebeln	Lavendel, Sellerie, Weinraute	Brokkoli, Fenchel, Petersilie, Rettiche
Sellerie (Knollensellerie, Stangensellerie) (*Apium graveolens*)	Brokkoli, Gartenbohnen, Grünkohl, Gurken, Kerbel, Knoblauch, Knollenziest, Kohlrabi, Kopfkohl, Paprikas, Pastinaken, Porree, Ringelblumen, Rosenkohl, Spinat, Tomaten, Zwiebeln	Angelika, Endivien, Kartoffeln, Liebstöckel, Petersilie, Zuckermais	Dill, Kopfsalate, Möhren
Speisekürbisse (*Cucurbita maxima*)	Ringelblumen	Gurken	

Tabelle: Gemüsearten und ihre Partner

Gemüseart	günstige Partner	ungünstige Partner	widersprüchliche Informationen
Spinat *(Spinacia oleraceae)*	Birnen, Dill, Erdbeeren, Grünkohl, Gurken, Kartoffeln, Kohlrabi, Koriander, Mairüben, Meerrettich, Möhren, Pastinaken, Puffbohnen, Radieschen, Rhabarber, Rosenkohl, Sellerie, Tomaten, Zuckermais	Feldsalat, Gartenmelde, Mangold, Rote Bete, Zwiebeln	Kopfkohl, Rettiche
Tomaten *(Lycopersicon esculentum)*	Basilikum, Borretsch, Chicorée, Dill, Gartenbohnen, Gurken, Kapuzinerkresse, Knoblauch, Kohlrabi, Kopfsalate, Meerrettich, Neuseeländer Spinat, Petersilie, Pfefferminze, Porree, Radicchio, Radieschen, Rettiche, Ringelblumen, Rosmarin, Salbei, Schnittlauch, Sellerie, Spargel, Spinat, Stachelbeeren, Thymian, Zitronenmelisse, Zwiebeln	Aprikosen, Auberginen, Erbsen, Kartoffeln, Kümmel, Rote Bete, Wermut, Zuckermais	Fenchel, Kopfkohl, Möhren, Paprikas

71

Tabelle: Gemüsearten und ihre Partner

Gemüseart	günstige Partner	ungünstige Partner	widersprüchliche Informationen
Zucchini *(Cucurbita pepo)*	Basilikum, Borretsch, Erbsen, Fenchel, Gartenbohnen, Gartenmelde, Kapuzinerkresse, Spinat, Zuckermais, Zwiebeln	Kartoffeln, Radieschen, Rettiche, Rosmarin, Salbei, Thymian, Weinraute	Salate
Zwiebeln *(Allium cepa)*	Dill, Erdbeeren, Feldsalat, Gurken, Pastinaken, Salate, Schwarzwurzeln, Sellerie, Tomaten, Zucchini	Auberginen, Erbsen, Kartoffeln, Majoran, Radieschen, Rettiche, Spargel, Spinat	Gartenbohnen, Kopfkohl, Möhren, Rote Bete

Noch mehr Gemüsepartner

Gemüseart	günstige Partner	ungünstige Partner	widersprüchliche Informationen
Artischocken (*Cynara scolymus*)	Fenchel, Gurken, Kopfsalate, Kartoffeln, Knoblauch, Schnittlauch	Sellerie Petersilie	
Asia-Salate (*Brassica*-Arten)	Feldsalat, Gartenmelde, Neuseeländer Spinat, Portulak, Salate, Spinat, Zwiebeln	Brokkoli, Chinakohl, Grünkohl, Kohlrabi, Kopfkohl, Pak Choi, Radieschen, Rettiche, Rosenkohl, Senf	
Auberginen (*Solanum melongena*)	Eiskraut, Erbsen, Estragon, Gartenbohnen, Kartoffeln, Neuseeländer Spinat, Sommerportulak, Thymian	Knoblauch, Paprikas, Tomaten, Zwiebeln	
Haferwurzeln (*Tragopogon porrifolius*)	Möhren, Pastinaken, Sellerie	Äpfel, Artischocken, Chicorée, Endivien, Kopfsalate, Schwarzwurzeln	

Tabelle: Noch mehr Gemüsepartner

Tabelle: Noch mehr Gemüsepartner

Gemüseart	günstige Partner	ungünstige Partner	widersprüchliche Informationen
Mairüben (*Brassica rapa var. rapa*)	Erbsen, Gartenbohnen, Kopfsalate, Mangold, Petersilie, Sellerie, Spinat, Tomaten		
Meerrettich (*Armoracia rusticana*)	Äpfel, Gurken, Kartoffeln, Kohl, Pflaumen, Spinat, Thymian	Artischocken, Erbsen, Gartenbohnen, Knoblauch, Zwiebeln	
Neuseeländer Spinat (*Tetragonia tetragonioides*)	Kohlrabi, Kopfsalate, Radieschen, Rettiche, Tomaten		
Paprikas (*Capsicum annuum*)	Basilikum, Gurken, Kapuzinerkresse, Knoblauch, Kohlrabi, Ringelblumen, Sellerie	Kartoffeln, Kohl, Wein, Ysop	Auberginen, Gartenbohnen, Tomaten
Pastinaken (*Pastinaca sativa*)	Gartenmelde, Kartoffeln, Mairüben, Radieschen, Rettiche, Rote Bete, Salate, Spinat, Zwiebeln	Fenchel, Möhren, Sellerie	

Tabelle: Noch mehr Gemüsepartner

Gemüseart	günstige Partner	ungünstige Partner	widersprüchliche Informationen
Radicchio (*Cichorium intybus*)	Fenchel, Gartenbohnen, Kopfsalate, Möhren, Rote Bete, Tomaten, Zwiebeln		
Rote Bete (*Beta vulgaris var. vulgaris*)	Bohnenkraut, Brokkoli, Dill, Erbsen, Feldsalat, Gartenbohnen, Grünkohl, Gurken, Kerbel, Knoblauch, Kohlrabi, Kopfkohl, Kopfsalate, Pastinaken, Puffbohnen, Radieschen, Rettiche, Rosenkohl, Zwiebeln	Kartoffeln, Mangold, Möhren, Porree, Spinat, Tomaten, Zuckermais	
Salatrauke (*Eruca sativa*)	Erdbeeren, Kopfsalate, Sellerie, Zuckermais	Brokkoli, Grünkohl, Kopfkohl, Radieschen, Rettiche, Rosenkohl, Senf	
Schwarzwurzeln (*Scorzonera hispanica*)	Kohlrabi, Kopfsalate, Möhren, Porree, Zwiebeln		

Tabelle: Noch mehr Gemüsepartner

Gemüseart	günstige Partner	ungünstige Partner	widersprüchliche Informationen
Sommerportulak (*Portulaca oleracea* ssp. *sativa*)	Erdbeeren, Kohlrabi, Radieschen, Rettiche, Salatrauke, Salate, Zuckermais	Winterportulak	
Spargel (*Asparagus officinalis*)	Basilikum, Erbsen, Gurken, Kohlrabi, Kopfsalate, Möhren, Petersilie, Radieschen, Ringelblumen, Tomaten, Wein	Kartoffeln, Knoblauch, Porree, Schnittlauch, Zwiebeln	
Spargelerbsen (*Psophocarpus tetragonolobus*)	Erbsen		
Topinambur (*Helianthus tuberosus*)	Zuckermais		
Winterportulak (*Montia perfoliata*, syn. *Claytonia perfoliata*)	Asia-Salate, Feldsalat, Gartenmelde, Salatrauke, Salate, Spinat	Sommerportulak	
Zuckermais (*Zea mays* Saccharata Grp.)	Birnen, Dill, Erbsen, Gartenbohnen, Gurken, Kartoffeln, Kürbisse, Rosenkohl, Salate, Sonnenblumen, Spinat, Thymian, Zucchini	Rote Bete, Sellerie	

Kräuter & Gewürze

Kräuterart	günstige Partner	ungünstige Partner	widersprüchliche Informationen
Angelika *(Angelica archangelica)*	Petersilie	Sellerie	
Anis *(Pimpinella anisum)*	Brokkoli, Grünkohl, Kohlrabi, Kopfkohl, Koriander, Rosenkohl		
Barbarakraut, Barbarakresse *(Barbarea vulgaris)*	Erdbeeren, Feldsalat, Gartenmelde, Mangold, Spinat	Brokkoli, Chinakohl, Grünkohl, Kohlrabi, Kopfkohl, Pak Choi, Radieschen, Rettiche, Rosenkohl	
Basilikum *(Ocimum basilicum)*	Aprikosen, Fenchel, Gurken, Ringelblumen, Spargel, Tomaten, Wein	Knollenziest, Salbei, Thymian, Weinraute, Wermut, Zitronenmelisse	Bohnenkraut
Beinwell *(Symphytum officinale)*	Kartoffeln, Tomaten		
Bohnenkraut *(Satureja hortensis)*	Basilikum, Gartenbohnen, Zwiebeln	Rettiche	
Borretsch *(Borago officinalis)*	Erdbeeren, Gurken, Kürbisse, Puffbohnen, Sellerie, Tomaten, Zucchini		

Tabelle: Kräuter & Gewürze

Tabelle: Kräuter & Gewürze

Kräuterart	günstige Partner	ungünstige Partner	widersprüchliche Informationen
Chili (*Capsicum annuum*, *Capsicum frutescens* u. a.)	Kerbel, Senf		
Dill (*Anethum graveolens*)	Blumenkohl, Brokkoli, Erbsen, Gartenbohnen, Grünkohl, Gurken, Kartoffeln, Kohlrabi, Kopfkohl, Möhren, Porree, Rettiche, Rosenkohl, Salate, Spinat, Tomaten, Zuckermais, Zwiebeln	Fenchel, Petersilie	Sellerie
Eberraute (*Artemisia abrotanum*)	Aprikosen, Kohl		
Estragon (*Artemisia dracunculus*)	Auberginen, Kartoffeln	Fenchel, Weinraute	
Gartenkerbel (*Anthriscus cerefolium ssp. cerefolium*)	Kamille, Knoblauch, Kohl, Kopfsalate, Puffbohnen, Rettiche, Rote Bete, Rote Bete, Zwiebeln	Weinraute	

Tabelle: Kräuter & Gewürze

Kräuterart	günstige Partner	ungünstige Partner	widersprüchliche Informationen
Kamille *(Matricaria chamomilla)*	Blumenkohl, Brokkoli, Erbsen, Grünkohl, Kartoffeln, Kohlrabi, Kopfkohl, Pfefferminze, Zwiebeln	Weinraute	
Knoblauch *(Allium sativum)*	Äpfel, Birnen, Brombeeren, Erdbeeren, Gurken, Himbeeren, Johannisbeeren, Kerbel, Kopfsalate, Möhren, Pfirsiche, Pflaumen, Ringelblumen, Rote Bete, Stachelbeeren, Tomaten	Artischocken, Auberginen, Brokkoli, Chinakohl, Erbsen, Gartenbohnen, Grünkohl, Knoblauch, Kohlrabi, Kopfkohl, Majoran, Pak Choi, Portulak, Rosenkohl, Schnittlauch, Spargel	Zwiebeln
Koriander *(Coriandrum sativum)*	Anis, Rettiche, Spinat	Fenchel	
Kümmel *(Carum carvi)*	Blumenkohl, Erbsen, Kohlrabi, Rosenkohl	Fenchel, Tomaten	
Lavendel *(Lavandula angustifolia)*	Kartoffeln, Kohl, Majoran, Thymian	Kopfsalate, Petersilie, Rettiche	

79

Tabelle: Kräuter & Gewürze

Kräuterart	günstige Partner	ungünstige Partner	widersprüchliche Informationen
Majoran *(Origanum majorana)*	Gartenbohnen, Kartoffeln, Kohl, Lavendel	Gurken, Knoblauch, Porree, Zwiebeln	
Minze (Krause Minze, Pfefferminze) *(Mentha-Arten)*	Äpfel, Birnen, Blumenkohl, Brokkoli, Erbsen, Kartoffeln, Kohlrabi, Rosenkohl, Tomaten, Walnüsse		
Oregano *(Origanum vulgare)*	Kohl		
Petersilie (Blattpetersilie, Wurzelpetersilie) *(Petroselinum crispum)*	Angelika, Artischocken, Basilikum, Kartoffeln, Knoblauch, Liebstöckel, Porree, Radieschen, Rettiche, Ringelblumen, Spargel, Tomaten	Kohl, Lavendel, Möhren, Pastinaken, Salate, Sellerie	
Ringelblumen *(Calendula officinalis)*	Basilikum, Erbsen, Gartenbohnen, Kartoffeln, Kopfkohl, Spargel, Tomaten		
Rosmarin *(Rosmarinus officinalis)*	Blumenkohl, Brokkoli, Gartenbohnen, Kohlrabi, Möhren, Salbei, Tomaten	Gurken, Kürbisse, Zucchini	

Tabelle: Kräuter & Gewürze

Kräuterart	günstige Partner	ungünstige Partner	widersprüchliche Informationen
Salbei (*Salvia officinalis*)	Kohlrabi, Kopfkohl, Möhren, Tomaten	Gurken, Kürbisse, Rosmarin, Wermut, Zucchini	
Schnittlauch (*Allium schoenoprasum*)	Äpfel, Gurken, Johannisbeeren, Kopfkohl, Möhren, Pfirsiche, Porree, Sonnenblumen, Stachelbeeren, Tomaten, Wein	Erbsen, Gartenbohnen, Majoran, Puffbohnen, Spargel	
Thymian (*Thymus vulgaris*)		Gurken, Kürbisse, Zucchini	
Weinraute (*Ruta graveolens*)	Himbeeren	Basilikum, Estragon, Kamille, Kerbel, Kopfsalate, Lavendel, Salbei, Zitronenmelisse, Zucchini	
Wermut (*Artemisia absinthium*)	Johannisbeeren, Kohl, Möhren	Basilikum, Fenchel, Kümmel, Salbei, Tomaten	
Ysop (*Hyssopus officinalis*)	Kohlrabi, Kopfkohl, Wein	Rettiche	
Zitronenmelisse (*Melissa officinalis*)		Fenchel, Weinraute	

Partner im Duett

Erdbeeren & Knoblauch

Bei der Kombination von Erdbeeren und Knoblauch profitieren die Erdbeeren von den pilzhemmenden Eigenschaften des Knoblauchs. Ab August wird der Knoblauch abwechselnd mit den Erdbeeren in einer Reihe gepflanzt (Abstand etwa 30 cm). Die einzelnen Erdbeerreihen haben einen Abstand von 40 cm. Als Vorkulturen bieten sich hier Buschbohnen und vorgezogenes Bohnenkraut an, die ab Mai gesät oder gepflanzt werden. Diese räumen bis August das Beet und bereiten den Boden gut vor.

Tipp *Erdbeeren und Knoblauch können bis zu drei Jahre zusammen verbringen. Danach beginnt der Ertrag der Erdbeeren zu sinken. Dann wird es Zeit, einige Erdbeerableger und Knoblauchpflanzen auf ein neues Beet zu setzen.*

Gurken & Basilikum

Ab Mitte Mai werden die Gurken gesät. Je drei Samen werden mit einem Abstand in der Reihe von 40 cm gelegt. So geht man sicher, pro Saatstelle mindestens eine Gurkenpflanze zu erhalten. Sollten alle drei Samen aufgehen, wird der stärkste Keimling belassen. Sie können auch vorgezogene Gurken pflanzen, dann alle 40 cm eine Pflanze. Anfangs wachsen die Gurken sehr langsam. Das Unkraut wird versuchen, die Gurken zu überwuchern. Daher ist in der ersten Zeit regelmäßiges Unkrautjäten wichtig. Ab Ende Mai werden dann vorgezogene Basilikumpflanzen links und rechts in einem Abstand von jeweils 10 cm neben die Gurken gesetzt. Zusätzlich kann das Basilikum auch zwischen die Gurken gesetzt werden, dann mittig und alle 40 cm. Die Gurkenranken umwachsen das Basilikum im Laufe des Sommers. Das Basilikum soll die Gurken so vor dem gefürchteten Echten Mehltau schützen. Die Ursache der Schutzwirkung ist noch ungeklärt. Wahrscheinlich machen die Saponine des Basilikums die Blattzellen der Gurken widerstandsfähiger.

Tipp *In die Reihen neben der Gurkenreihe können Sie ergänzend Kopfsalat oder Endivien säen.*

Kopfsalat & Kohlrabi

Kopfsalat schützt Kohlrabi vor den gefräßigen Erdflöhen, die es schaffen, die jungen Kohlblätter wie von einem Schrotgewehr durchlöchert aussehen zu lassen. Die vorgezogenen Pflanzen von Kohlrabi und Kopfsalat werden ab März in benachbarte Reihen gepflanzt (Abstand in den Reihen jeweils etwa 30 cm, Abstand der Reihen 40 cm). Ab Juli können in die abgeernteten Salatreihen Buschbohnen gesät werden. In die Kohlrabireihen wird Schnittsalat gesät.

Tipp *Erdflöhe machen auch Radieschen und Rettichen zu schaffen. Sie können die beschriebene Kombination mit Salat auch bei Radieschen und Rettichen probieren.*

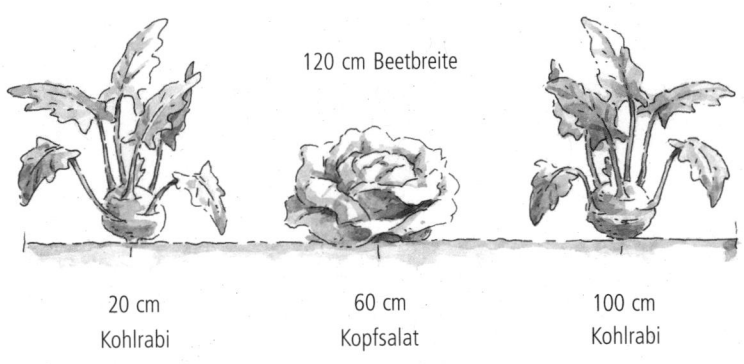

Kopfsalat & Kohlrabi im April

Gartenbohnen & Bohnenkraut

Gartenbohnen und Bohnenkraut sind eine bewährte Kombination. Das Bohnenkraut hält die Schwarze Bohnenlaus ab, die den Bohnen sonst sehr zu schaffen macht. Außerdem kann man das für die Bohnenzubereitung benötigte Bohnenkraut so auf demselben Beet ernten. Ab Mitte Mai werden die Bohnen in zwei Reihen gesät (Abstand zwischen den Reihen 80 cm). Zwischen die beiden Reihen wird das Bohnenkraut gesät oder es werden vorgezogene Pflanzen gesetzt. Damit das Beet nicht bis Mitte Mai frei bleibt, können als Vorkulturen Salat und Radieschen gesät werden.

Tipp *Wenn die Bohnenernte bis Mitte August beendet ist, bietet sich Grünkohl als nachfolgende Kultur auf den Bohnenreihen an.*

Tomaten & Kopfkohl

Für die Mischkultur von Tomaten und Kopfkohl werden drei Reihen im Abstand von jeweils 40 cm angelegt. Da die vorgezogenen Tomaten erst ab Mitte Mai in ihre Beetreihen gepflanzt werden, kann in die beiden Tomatenreihen ab März Senf gesät werden. Dieser bereitet den Boden optimal für die Tomaten vor. In die mittlere Reihe wird ab April Kopfkohl mit einem Abstand in der Reihe von etwa 50 cm gepflanzt. Da der Kohl recht langsam wächst, kann der Zwischenraum mit Salatpflanzen gefüllt werden. Im April wird auch der Senf ausgehackt. Er bleibt als Mulch zwischen Tomaten- und Kohlreihe liegen. Die Tomaten werden ab Mitte Mai mit einem Abstand in der Reihe von 40 cm gepflanzt. Wenn der Kopfkohl ab Mitte Juni größer wird, wird der letzte Salat geerntet. Zwischen den Tomaten ist der Kopfkohl vor den Kohlweißlingen sicher. Der Tomatenduft überdeckt den Kohlduft, die Schmetterlinge finden den Kohl nicht und können ihre Eier nicht ablegen.

Tipp *Ab Mitte Mai können zwischen die Tomaten auch Ringelblumen gesät werden, um die Zwischenräume zu füllen. Als Nachkultur bietet sich Gartenmelde oder Phacelia an, die ab Oktober gesät werden.*

Tomaten & Kohl im Juli

Tomaten & Studentenblumen

Die beiden wärmeliebenden Arten Tomaten und Studentenblumen kommen ab Mitte Mai ins Beet. Die vorgezogenen Tomaten werden in einem Reihenabstand von 40 cm gepflanzt. Links und rechts können entweder vorgezogene Studentenblumen gepflanzt oder auch gesät werden. Auch zwischen den Tomatenpflanzen ist genügend Platz. Die Studentenblumen der Arten *Tagetes patula* und *Tagetes erecta* töten die Wandernden Wurzelnematoden, die auch die Tomaten schädigen können. Leider sind Studentenblumen bei Schnecken sehr beliebt. Wer ein Schneckenproblem hat, kann auf Ringelblumen ausweichen. Diese können sogar schon ab März in die Reihen links und rechts der späteren Tomatenreihe gesät werden.

Tipp *Wer möchte, kann in 5 cm Abstand zu den Ringelblumen Petersilie säen. Diese soll den ohnehin guten Geschmack der Tomaten noch verbessern. Aber denken Sie daran, Petersilie und Ringelblumen rechtzeitig auszudünnen.*

Frühkartoffeln & Koriander
Kräuter wie Kümmel und Koriander sollen den Geschmack von Frühkartoffeln verbessern. Ab Anfang April werden die vorgekeimten Frühkartoffeln in zwei Reihen gelegt, die einen Abstand von 80 cm zueinander haben. In den Reihen wird ein Abstand von 25 cm eingehalten. In eine mittlere Reihe wird ebenfalls ab April Koriander, eventuell in Mischsaat mit Kümmel, gesät.

Tipp *Da sowohl die Frühkartoffeln als auch die Kräuter im Juli das Beet räumen, können ab August Winterrettiche und Endivien nachfolgen. Die vorgezogenen Endivien werden ab Juli in die abgeernteten Kartoffelreihen gepflanzt (Abstand 30 bis 40 cm). In die Reihe der früh räumenden Kartoffelpartner werden Winterrettiche in einem Abstand von 25 cm gesät. Beide Gemüsearten können bis spät in den Winter geerntet werden.*

Zuckermais & Gurken
Von dieser Mischkultur profitieren beide Partner. Der Mais gibt den Gurken Windschutz, während die Gurken den Boden bedecken. Ab Mitte Mai wird zwischen zwei Reihen Zuckermais eine Reihe Gurken gesät. Der Abstand zwischen zwei Maispflanzen beträgt 80 cm. Die Gurken werden mindestens in einem Abstand von 30 cm gesetzt.

Tipp *Sie können anstelle der Gurken auch Zucchini, Kürbisse oder Stangenbohnen säen oder als vorgezogene Pflanzen setzen. Sie alle vertragen sich gut mit dem Mais, der Windschutz und leichten Schatten spendet und als Rankhilfe dient. Die Stangenbohnen werden nah an den Maispflanzen gesät.*

Schwarzwurzeln & Porree
Schwarzwurzeln und Porree sind passende Partner im Gemüsebeet, denn sie haben ähnliche Ansprüche an Pflege und Düngung. Die Anwesenheit der Schwarzwurzel sorgt sogar dafür, dass der Befall mit der Lauchmotte geringer ausfällt.

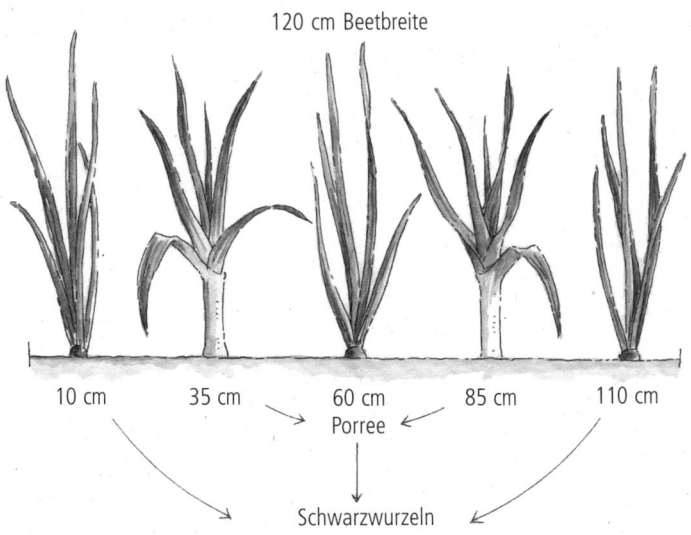

Schwarzwurzeln & Porree im Juli

Für die Saat ab März werden fünf Reihen im Abstand von 25 cm zueinander gezogen. In drei Reihen werden die länglichen Schwarzwurzelsamen gelegt. Die beiden Reihen dazwischen sind für den Porree reserviert. Beide Gemüsearten beanspruchen das Beet bis in den Spätherbst und Winter. An frostfreien Tagen können sie auch in der kalten Jahreszeit geerntet werden.

Löwenzahn & Neuseeländer Spinat

Im Abstand von 80 cm werden ab Juni zwei Reihen Löwenzahn gesät. Zwischen die beiden Reihen wird eine Reihe vorgezogener Neuseeländer Spinat gepflanzt. Der Neuseeländer Spinat ist bis spätestens Oktober geerntet. Zwischen die Löwenzahnreihen kann dann noch Spinat als Mulch eingesät werden, damit der Boden im Winter bedeckt ist. Der Löwenzahn bleibt den Winter über auf dem Beet und kann im Frühjahr vor der Ernte gebleicht werden.

 Bis zum Mai können Salate und andere schnell wachsende Gemüsearten wie Radieschen und Kohlrabi als Vorkulturen unter einem Folientunnel auf dem Beet gezogen werden.

Rote Bete & Blumenkohl, anschließend Winterporree & Radicchio

In zwei Reihen im Abstand von 80 cm zueinander werden ab Mitte April Rote-Bete-Setzlinge gepflanzt. Wählen Sie dazu eine Sorte, die schon im August geerntet werden kann. Dazwischen wird eine Reihe früher Blumenkohl (Erntezeit im Juli) mit Abstand in der Reihe von 40 cm gesetzt. Auf die Rote Bete folgt im August Winterporree, der den Winter über auf dem Beet stehen bleibt. Sobald der Blumenkohl geerntet ist, werden im Abstand von jeweils 20 cm von der Roten Bete in die Mitte des Beetes zwei Reihen Radicchio gesät.

 Schützen Sie das Beet im Winter mit Reisig, dann können Sie an frostfreien Tagen ernten. Spätestens im April machen Porree und Radicchio das Beet wieder frei.

Porree & Möhren

Um der Möhrenfliege zu entgehen, werden anstelle von Frühmöhren späte Möhrensorten gewählt. Diese kommen erst in den Boden, wenn die Flugzeit der Möhrenfliege bereits vorüber ist. Die gasförmigen Ausscheidungen der Möhren fördern das Wachstum des Porrees. Leider sind die kleinen Möhren aber noch kein ausreichender Schutz gegen die Lauchmotte. Hatten Sie in den letzten Jahren Probleme mit der Lauchmotte, sollten Sie über den Porree ein Gemüseschutznetz legen.

Ab Ende Mai werden mit Abstand von 60 cm zwei Reihen vorgezogener Porree gepflanzt und ab Ende Juni zwei Reihen Spätmöhren mit einem Reihenabstand von jeweils 30 cm neben die Porreereihen gesät. Damit die Beete bis dahin nicht leer stehen, kann ab März früher Salat gesät werden. Vor dem Porree können auch frühe Erbsen stehen. Wichtig ist, dass die Vorkulturen rechtzeitig geerntet werden.

Es ist empfehlenswert, die Möhrensaat mit Radieschensamen zu mischen. Die schnell keimenden Radieschen markieren die Möhrenreihe und sind geerntet, bevor sie den Möhren Konkurrenz machen.

Möhren gegen den Porreethrips?
Neben der Lauchmotte gilt der Thrips als einer der Hauptschädlinge an Porree. Forscher des Julius Kühn-Instituts, Bundesforschungsinstitut für Kulturpflanzen, haben Versuche mit verschiedenen abwehrenden Maßnahmen durchgeführt: feinmaschige Netze, Mulchfolien und die Mischkultur mit Möhren. Im Vergleich zu einem mit Pflanzenschutzmitteln behandelten Beet konnten sie feststellen, dass die Netze am besten gegen den Thrips und auch vergleichbar mit einer chemischen Behandlung wirkten. Auch die Mulchfolien zeigten besonders bei Trockenheit gute Erfolge. Für die Mischkultur mit Möhren ist der Aussaattermin entscheidend. Wird die Mischkultur zu früh gesät, wächst der Porree unter der Konkurrenz der Möhren thripsfrei, aber viel langsamer. Wird die Mischkultur dagegen zu spät gesät, bleibt die befallsreduzierende Wirkung gering. Hier kommt es darauf an, den richtigen Aussaatzeitpunkt zu finden.

Zwiebeln & Möhren

Die berühmt-berüchtigte Partnerschaft von Zwiebeln und Möhren wurde schon öfters in diesem Buch angesprochen. Beide sind keine idealen Partner und halten sich noch nicht einmal ihre jeweiligen Gemüsefliegen – Möhrenfliegen und Zwiebelfliegen – in ausreichendem Maße vom Hals. Eine Möhrenfliege lässt sich von umstehenden Zwiebeln nicht weiter beeindrucken, wenn sie direkt unter einer Möhre überwintert hat. Auch haben Untersuchungen gezeigt, dass sehr viele Zwiebeln nötig sind, um die Möhren befallsfrei zu halten. Die beste Methode, um Zwiebel- und Möhrenfliegen fernzuhalten, ist das Auslegen eines Gemüseschutznetzes. Achten Sie darauf, dass es gleich nach der Aussaat oder dem Pflanzen ausgelegt wird und bis zur Ernte liegen bleibt. Das sieht zwar nicht sehr schön aus, ist aber der beste Schutz (siehe auch Seite 49).

Möhren und Zwiebeln haben verschiedene Ansprüche an die Wasserversorgung. Während die Möhren im Spätsommer und Herbst viel Feuchtigkeit brauchen, um ihre Rübenkörper zu bilden, sind die Zwiebeln zu diesem Zeitpunkt eher empfindlich. Sollen die Zwiebeln nämlich gelagert werden, muss das Laub jetzt abtrocknen. Jede zusätzliche Wassergabe ist jetzt fatal. Porree dagegen passt von den Anbaueigenschaften her gut zu Möhren.

Gärtner, die die Erfahrung gemacht haben, dass Zwiebeln die Möhrenfliege abhalten oder umgekehrt Möhren die Zwiebelfliege fernhalten, haben wahrscheinlich ein so buntes Gemisch auf dem Beet, dass die Schädlinge tatsächlich ihre Wirtspflanzen nicht finden konnten, oder sie haben sich strikt an die Fruchtfolge gehalten und eine Anbaupause von vier Jahren eingehalten. Probieren Sie die Kombination aus und machen Sie Ihre eigenen Erfahrungen!

Flotte Dreier

Gemüsepartner werden oft so kombiniert, dass um eine Hauptkultur in der mittleren Beetreihe die Partner gesetzt werden. Links und rechts von der Hauptkultur stehen entweder ein und dieselbe Gemüseart oder zwei verschiedene Arten. Bei den Dreierkombinationen wird dem gleichen Muster gefolgt wie bei den Zweierkombinationen. Der Abstand der Nebenkulturen richtet sich dabei nach der Hauptkultur in der Mitte.

Kohlrabi, Salat & Radieschen

Die Kombination von Kohlrabi und Radieschen mit Salat beugt dem Befall mit Erdflöhen vor. Der Duft der Salatpflanzen schützt die beiden anfälligen Kohlgewächse Kohlrabi und Radieschen. Im März wird in die mittlere Reihe vorgezogener Kohlrabi gepflanzt. Links und rechts davon (Abstand jeweils 20 cm) werden Pflücksalat und Radieschen gesät. Hier bietet es sich an, eine Saatmischung aus Pflücksalat, Radieschen und Dill herzustellen und zu säen. Ganz außen (wieder im Abstand von jeweils 20 cm) wird je eine Reihe Spinat gesät. Alle hier genannten Gemüse räumen schon Ende Mai das Beet und werden als Vorkulturen bezeichnet. Als Hauptkulturen können sich auf den Spinat Buschbohnen und auf den Kohlrabi Sellerie anschließen. Die Salat-Radieschen-Reihen bleiben frei.

Partnerschaften im Beet

Tipp *Diese Kombination ist eine gute Vorkultur für spätfrostgefährdete Gemüsearten wie Sellerie, Feuerbohnen, Tomaten, Gurken und Zucchini oder für späte Gemüsearten wie Porree, Möhren, Rosenkohl und Endivien.*

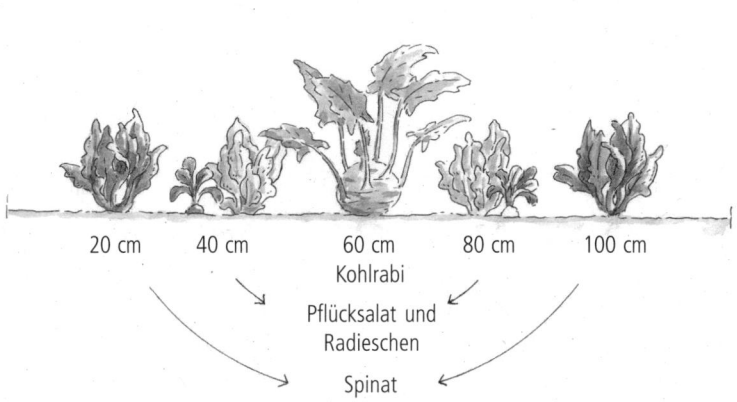

Kohlrabi, Salat & Radieschen im April

Erdbeeren, Knoblauch & Endivien

Die Dreierkombination »Erdbeeren, Knoblauch & Endivien« ist eine Erweiterung der Zweierkombination »Erdbeeren & Knoblauch« (siehe Seite 82). In die Reihen zwischen den Erdbeer-Knoblauch-Reihen werden ab Juli vorgezogene Endivien in einem Abstand von 20 cm gepflanzt. Die Endivien gelten als gute Nachbarn für die Erdbeeren. Als Alternative zu den Endivien können Sie auch Feldsalat oder Winterporree säen.

Tipp *Bis zur Pflanzzeit im Juli können Sie Frühsalat oder die Kombination »Gartenbohnen & Bohnenkraut« (siehe Seite 84) säen.*

Gurken, Zwiebeln & Salat

In der Mitte des Beetes werden ab Mitte Mai Gurkensetzlinge im Abstand von 40 cm gepflanzt. Neben die mittlere Gurkenreihe werden jeweils zwei Reihen in Abständen von 25 cm und nochmals 20 cm gezogen. In die äußersten Reihen werden bereits ab Anfang April Steckzwiebeln mit Abstand in den Reihen von 15 cm gesteckt. Ab Mitte April wird dann in die dazwischenliegenden Reihen vorgezogener Salat gepflanzt. Da der Salat bis Ende Juni abgeerntet ist, ist der Boden bis dahin bedeckt. Danach sorgen die Gurkenranken für eine Bodenbedeckung.

Tipp *Wie schon bei der Kombination »Gurken & Basilikum« auf Seite 82 gezeigt, kann auch hier in etwa 10 cm Abstand zur Gurkenreihe ab Ende Mai Basilikum gepflanzt werden. Es soll vorbeugend gegen den Echten Mehltau an Gurken wirken.*

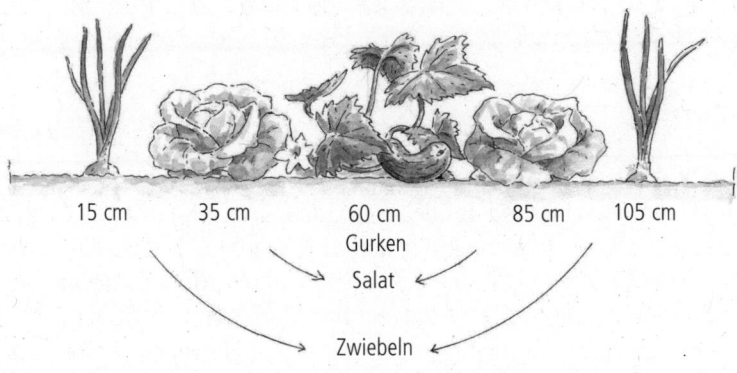

Gurken, Salat & Zwiebeln im Juni

Feuerbohnen, Zucchini & Bohnenkraut

Die Feuerbohnen, die Hauptkultur in dieser Kombination, werden so früh wie möglich, am besten schon im April, in die Mitte des Beetes gesät. Im Abstand von je 40 cm rechts und links von der Bohnenreihe wird ab Mitte bis Ende Mai jeweils eine Reihe Zucchini mit einem Abstand von etwa 100 cm in den Reihen gesät oder gepflanzt. In die beiden Reihen zwischen den Bohnen und den Zucchini wird Bohnenkraut gesät oder gepflanzt. Wie bei der einfachen Partnerschaft »Gartenbohnen & Bohnenkraut« hält das Bohnenkraut die Schwarze Bohnenlaus von den Bohnen fern (siehe Seite 84).

 Um die Zeit bis zur Pflanzung der wärmeliebenden Zucchini zu überbrücken, können Sie frühe Kohlrabi- oder Salatsorten pflanzen.

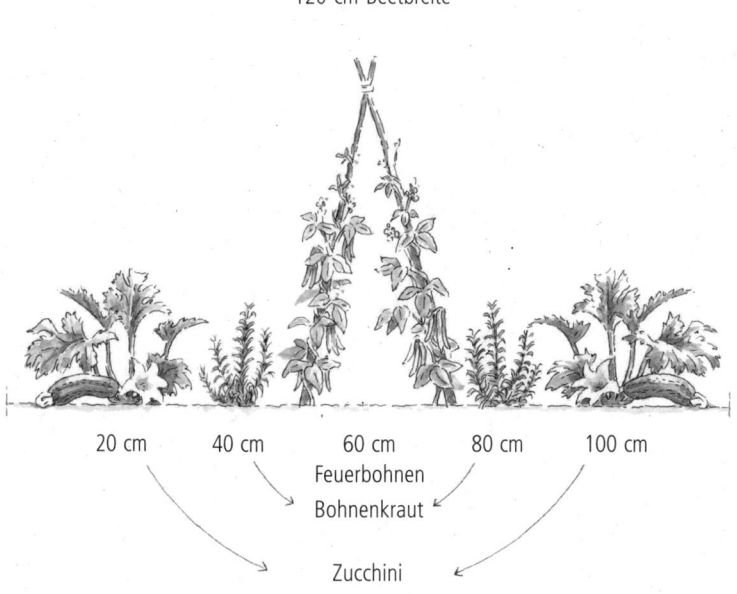

Feuerbohnen, Zucchini & Bohnenkraut im August

Tomaten, Knollensellerie & Grünkohl

Eine Mischung, die es in sich hat: Die Tomaten schützen den Kohl vor den Kohlweißlingen, der Sellerie schützt den Kohl vor der Kohlfliege und den Kohlerdflöhen, und der Kohl schützt den Sellerie vor dem Sellerierost. Dieser Schadpilz tritt vor allem bei großer Feuchtigkeit in Aktion. Vermutlich speichert oder verdunstet der Kohl das überschüssige Wasser in seinen großen Blättern und kräftigen Stängeln und leitet es so vom Sellerie weg.

Die vorgezogenen Tomaten kommen ab Mitte Mai auf die mittlere Reihe des Beetes. Sie werden abwechselnd mit dem vorgezogenen Knollensellerie in einer Reihe gepflanzt (Abstand in der Reihe 40 cm). Ab Ende Juni wird in die beiden äußeren Reihen im Abstand von 40 cm zur mittleren Reihe vorgezogener Grünkohl gepflanzt. Als Vorkulturen eignen sich für den Grünkohl Puffbohnen, für die Tomaten Radieschen.

Tipp *In diesem Beispiel wurde Grünkohl gewählt. Bei der Pflanzung von frühem Kopfkohl anstelle des Grünkohls können die Selleriepflanzen mit dem Kohl in eine Reihe gesetzt werden. In die entstehenden Erntelücken können Sie Endivien pflanzen oder Winterrettiche säen.*

Möhren, Schwarzwurzeln & Schnittsalat

Bei dieser Kombination werden tief- und flachwurzelnde Gemüse miteinander kombiniert. Außerdem wird den Schwarzwurzeln nachgesagt, dass sie die Möhrenfliege von den Möhren fernhalten. Die Schwarzwurzeln werden ab Anfang März in die Mitte des Beetes gesät. Ab April werden in die beiden Reihen rechts und links neben den Schwarzwurzeln (Abstand je 20 cm) Möhren und nochmals im Abstand von 20 cm in zwei weiteren Reihen Schnittsalat gesät. Nachdem Möhren und Schnittsalat das Beet geräumt haben, wird breitwürfig Spinat gesät.

Tomaten, Grünspargel & Neuseeländer Spinat

Grüner Spargel ist eine Dauerkultur, die bis zu acht Jahre auf einem Beet stehen kann. Tomaten können mehrere Jahre hintereinander dasselbe Beet für sich beanspruchen (vorausgesetzt es treten keine Fruchtfolgekrankheiten auf). Die Tomaten erhalten vom Spargel Windschutz und einen gewissen Schutz vor der Tomatenwelke. Die Tomaten sollen sich dafür mit einem Schutz vor dem Spargelrost revanchieren.

Zwischen zwei Reihen Grünspargel (Pflanzzeit Ende März, Anfang April) mit einem Abstand von 120 bis 150 cm wird ab Mai eine Reihe Tomaten gepflanzt. Die Reihen zwischen Spargel und Tomaten füllt der wärmebedürftige Neuseeländer Spinat, der ab Ende Mai, Anfang Juni gepflanzt wird (Aussaat ab April unter Glas).

Tipp *Bei Wachstumsschwierigkeiten der Tomaten kann eine Anreicherung mit Pilzkrankheiten wie der Korkwurzelkrankheit oder Nematoden im Boden vorliegen. In diesem Fall sollte die Anbaufläche der Tomaten jährlich gewechselt werden. Nach den acht Jahren Spargelzeit sollte eine Anbaupause von mindestens zehn Jahren für den Spargel eingehalten werden.*

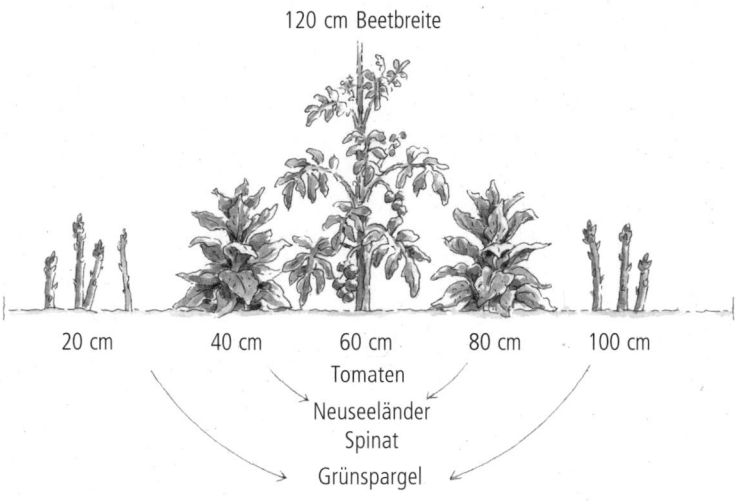

Tomaten, Grünspargel & Neuseeländer Spinat im Juli

Die Drei Schwestern: Gartenbohnen, Mais & Kürbis

Viele Stämme der zentral- und nordamerikanischen Ureinwohner bauen schon seit Jahrhunderten drei Pflanzen gemeinsam an: Mais *(Zea mays)*, Gartenbohnen *(Phaseolus)* und Kürbis *(Cucurbita)*. Wachsen diese drei zusammen, können die Ressourcen eines Standorts optimal genutzt werden: Der Mais überragt die Bohnen und den Kürbis, die Bohnen klettern an den Maistrieben empor und der Kürbis breitet sich am Boden aus. Die großen Kürbisblätter fangen das Licht auf und schattieren den Boden, wodurch auch Unkraut unterdrückt wird. Wissenschaftler aus Tabasco, Mexiko, verglichen diese Mischkultur mit den jeweiligen Monokulturen und kamen zu dem Schluss, dass die Kornerträge in der Mischkultur mit Bohnen und Kürbis höher waren als in der Monokultur. Die Erträge von Bohnen und Kürbis dagegen sanken in der Mischung mit dem Mais. Doch da der Mais in dieser Kombination die Hauptkultur ist, bekommt der Bauer die Erträge von Bohnen und Kürbis quasi als Bonus zur Maisernte dazu und nutzt dabei auch noch seinen Boden optimal.

Sie können den Mischanbau der »Drei Schwestern« auch im eigenen Garten ausprobieren. Bereiten Sie ein rundes Beet vor, das etwa einen Durchmesser von 45 bis 90 cm hat. Mehrere Beete sollten einen Abstand von mindestens 90 cm voneinander haben. Ab Mitte Mai werden vier bis sieben Zuckermaissamen mit 15 cm Abstand zueinander in die Mitte des Beetes gesät. Später werden davon drei bis vier Pflanzen belassen. Zehn bis vierzehn Tage später, wenn der Mais bereits etwas gewachsen ist, werden sechs Bohnensamen in einem Kreis um den Mais gelegt, der etwa 15 cm entfernt ist. Von den Bohnen werden später nur drei oder vier belassen. Kurz darauf werden in 30 cm Entfernung vom Mais vier Kürbissamen gesät, von denen später nur eine Pflanze belassen wird.

Wählen Sie in trockenen Regionen die Form eines Kraterbeetes (siehe ab Seite 125). So kann beim Bewässern das Wasser nicht weglaufen.

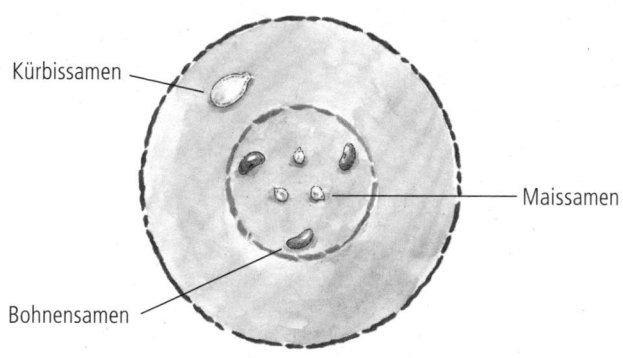

45 bis 90 cm Beetdurchmesser

Die »Drei Schwestern« Zuckermais, Gartenbohnen & Kürbis aus Zentral- und Mittelamerika im runden Beet

Grünkohl, Zuckerhutsalat & Rote Bete

Diese drei Gemüsearten kommen mit Mitte bis Ende Juni erst spät auf das Beet. Dafür bleiben sie bis in den Herbst oder bis zum Februar auf dem Beet. In die mittlere Reihe werden ab Ende Juni Grünkohlsetzlinge gepflanzt. In je 40 cm Abstand von der mittleren Reihe werden auf der einen Seite eine Reihe Rote Bete und auf der anderen Seite eine Reihe Zuckerhutsalat oder Endivien gesät. Die Roten Beten sollten spätestens im Oktober geerntet werden. Die beiden anderen Gemüsereihen bleiben bestehen, und an frostfreien Tagen kann geerntet werden. In rauen Regionen sollte der Zuckerhut geerntet werden, bevor Bodenfrost einsetzt. Die geernteten Salate können im Keller in Sand gelagert werden.

 Als Vorkultur bieten sich Frühkartoffeln in mehreren Reihen an (siehe auch Kombination »Frühkartoffeln & Koriander«, Seite 86).

Vorgänger, Nachfolger und Lückenfüller

Mischkultur beschränkt sich nicht auf zwei oder drei Gemüsearten. Häufig spielen auch Vor- und Nachkulturen eine Rolle. Sie sorgen dafür, dass der Boden sehr lange mit Pflanzen bedeckt ist.

Der Natur abgeschaut
Wenn Sie einmal genau hinsehen, werden Sie merken, dass es in der Natur keine brachliegenden Flächen gibt. Es ist immer eine Form von Bodenbedeckung vorhanden, sei es aus lebenden oder aus abgestorbenen Pflanzen. Auch im Garten sollten Sie möglichst versuchen, den Gartenboden nicht brach, d. h. ungenutzt, liegen zu lassen. Ist der Boden bedeckt, ist er vor der direkten Sonneneinstrahlung geschützt. Bei starken Regenfällen wird der Boden durch die Pflanzen geschützt, sodass er nicht weggeschwemmt wird. Unter einer Pflanzendecke bleibt der Boden auch länger feucht.

Ist der Boden dagegen unbedeckt, trocknet er schnell aus und wird rissig. Diese Risse reichen bis in tiefere Bodenschichten, aus denen so die Feuchtigkeit verdunsten kann. Der Boden verhärtet, und das von den Pflanzenwurzeln ausgeschiedene Kohlendioxid kann nicht mehr durch die feinen Bodenporen an die Oberfläche entweichen. Es reichert sich in der Nähe der Wurzeln an und hemmt so die Wurzelatmung. Das führt wiederum dazu, dass die Pflanzen nur langsam wachsen und anfällig für eine Vielzahl von Krankheiten und Schädlingen werden. Aber nicht nur das, auch die Bodenlebewesen, von den kleinsten Mikroben bis hin zu den großen Regenwürmern, sind auf den Sauerstoff im Boden angewiesen.

Vorgänger und Nachfolger
Vorkulturen sind in der Regel schnell wachsende Gemüsearten, die schon ab März auf das Beet gesät oder gepflanzt werden können, wie Salate, Radieschen oder Kohlrabi. Wenn dann ab Mitte Mai die eigentlichen Hauptkulturen auf das Beet kommen, sind sie schon längst abgeerntet.

Nachkulturen werden nach der Hauptkultur von Juni bis Oktober gesät oder gepflanzt. Das können winterharte Gemüse wie Feldsalat, Radicchio und Winterporree oder Gründüngungspflanzen sein, die breitwürfig gesät werden. Die Gründüngungspflanzen müssen dabei nicht winterhart sein, bleiben aber bis zum Frühjahr auf dem Beet. Nachfolgend finden Sie geeignete Vor- und Nachkulturen aufgelistet.

- **Schwarzwurzeln** und **Zwiebeln** brauchen keine Vorkultur, da sie selbst früh genug ausgesät werden. **Frühe Erbsen-, Radieschen-** und **Salatsorten** sind oft Vorkulturen für spätere Gemüse.
- **Spinat** ist ein Allrounder. Bis auf wenige Ausnahmen verträgt er sich mit allen anderen Gemüsearten. Er eignet sich sowohl zur Vor- und Nach- als auch zur Zwischenkultur. Vorsicht ist bei seinen Familienmitgliedern Mangold und Gartenmelde angesagt.
- Späte und überwinternde Gemüsearten wie **Chinakohl, Endivien** und **Winterporree** benötigen keine Nachkultur, da sie meist bis zum Frühjahr auf dem Beet stehen bleiben und daher für die folgenden Gemüse die Vorkulturen sind.
- Mehrjährige Gemüse wie **Meerrettich, Spargel** und **Rhabarber** brauchen keine Nachkultur. Bei einer Rodung bieten sich Gründüngungspflanzen und hier besonders die Hülsenfrüchte zur Bodenvorbereitung an.
- Wird erst spät im Herbst geerntet, können noch **Feldsalat, Spinat** und als Gründüngung **Senf** gesät werden. Der Senf friert über den Winter ab und kann im Frühjahr in den Boden eingearbeitet werden.
- Die Wahl der Vor- oder Nachkultur richtet sich nach dem Sä- oder Pflanztermin beziehungsweise dem Erntezeitpunkt der Hauptkultur.

Tabelle: Vorkulturen für einige Gemüsearten

Vorkulturen für einige Gemüsearten

Gemüseart (Hauptkultur)	Vorkulturen (geerntet bis zur Aussaat, Pflanzung der Hauptkultur)	Aussaatzeit (Hauptkultur)	Pflanzzeit (vorgezogene Hauptkultur)
Auberginen	Salate (frühe Sorten), Spinat	III (Anzucht)	Ende V
Blumenkohl	Spinat	I–VII (z. T. Anzucht im Gewächshaus)	III – Anfang VIII
Buschbohnen	Kohlrabi, Möhren (frühe Sorten), Radieschen, Salate	V – Ende VII	
Endivien	Buschbohnen, Möhren, Zwiebeln	VI (Anzucht)	VII – Anfang VIII
Gemüsefenchel	Erbsen (frühe Sorten), Frühkartoffeln	VI – Mitte VII	
Gurken	Puffbohnen, Senf	Anfang V	
Knoblauch	Erbsen, Puffbohnen, Stangenbohnen		IX – X
Kohl (alle Arten, außer Kohlrabi)	Erbsen und andere Leguminosen, Radieschen, Spinat, Stangensellerie	I – VII (z. T. Anzucht im Gewächshaus)	III – Anfang VIII
Kohlrabi (späte Sorten)	Radieschen, Salate, Spinat	I – V (z. T. Anzucht im Gewächshaus)	IV – VI
Mangold	Leguminosen (Gründüngung), Senf	IV – VII	

Tabelle: Vorkulturen für einige Gemüsearten

Gemüseart (Hauptkultur)	Vorkulturen (geerntet bis zur Aussaat, Pflanzung der Hauptkultur)	Aussaatzeit (Hauptkultur)	Pflanzzeit (vorgezogene Hauptkultur)
Möhren	Winterporree	I – VII (z. T. Anzucht im Gewächshaus)	
Paprikas	Radieschen, Salate	III (Anzucht)	Ende V
Porree	Kohlrabi, Salate	III – VI (zum Teil Anzucht)	V – Anfang VIII
Rhabarber	Erbsen und andere Leguminosen (auch Gründüngung)		IV, IX – X
Rote Bete	Kohlrabi, Radieschen, Salate	IV – VI	
Sellerie	Leguminosen (Gründüngung), Winterspinat	II – III (Anzucht)	Mitte V
Sommersalate	Erbsen (frühe Sorten), Kohlrabi, Radieschen	IV – Anfang VIII (zum Teil Anzucht)	IV – VIII
Stangenbohnen	Möhren (frühe Sorten)	V – VI	
Tomaten	Kohlrabi, Senf, Spinat	III – V (Anzucht)	Mitte – Ende V
Zucchini	Leguminosen (Gründüngung)	Mitte V	
Zuckermais	Phacelia, Senf, Spinat	IV – V (zum Teil Anzucht)	V

Nachkulturen für einige Gemüsearten

Tabelle: Nachkulturen für einige Gemüsearten

Gemüseart (Hauptkultur)	Nachkulturen (zur Hauptkulturernte gesät oder gepflanzt)	Erntezeitraum (Hauptkultur)
Auberginen	Gründüngung, Senf	ab VIII
Blumenkohl	Feldsalat	Ende VII – X
Buschbohnen	Endivien, Feldsalat, Grünkohl	Mitte VII – Mitte IX
Erbsen	Chinakohl, Endivien, Grünkohl, Rosenkohl	VI – VII
Gemüsefenchel	Senf	X
Gurken	Gartenmelde, Spinat	Anfang VII – Ende IX
Kartoffeln	Gemüsefenchel, Grünkohl, Rosenkohl, Winterroggen	Mitte VI – IX
Kohl (alle Arten, außer Kohlrabi, Grünkohl, Rosenkohl)	Feldsalat, Phacelia, Spinat	V – IX
Kohlrabi (frühe Sorten)	Chinakohl, Feldsalat, Winterrettiche	VI – X

Tabelle: Nachkulturen für einige Gemüsearten

Gemüseart (Hauptkultur)	Nachkulturen (zur Hauptkulturernte gesät oder gepflanzt)	Erntezeitraum (Hauptkultur)
Mangold	Feldsalat, Senf, Winterroggen	VII – X
Möhren (frühe Sorten)	Buschbohnen (späte Sorten), Endivien, Herbstrüben, Petersilie	Ende VI – VII
Paprikas	Senf	Ende VII – Anfang VIII
Rote Bete	Senf	VII – X
Schwarzwurzeln	Feldsalat, Senf	IX – X
Sommersalate	Endivien, Gurken, Kohl, Mangold	Anfang VI – VIII
Stangenbohnen	Feldsalat	Ende VII – Anfang X
Tomaten	Leguminosen (Gründüngung), Ringelblumen, Senf	Ende VII – X
Zucchini	Senf	IX – X
Zuckermais	Phacelia, Senf	VIII – IX
Zwiebeln	Endivien, Herbstrüben, Petersilie	VIII – IX

Leckere Lückenfüller

Anfangs langsam wachsende Gemüsekulturen wie Kohl und Tomaten oder straff aufrecht wachsende Arten wie Mais und Puffbohnen können den Boden nicht gut beschatten. Der Boden trocknet aus und wird steinhart. Wird zwischen die Reihen mit Puffbohnen beispielsweise schnell wachsender Spinat oder Gartenmelde gesät, wirken die Blätter in Bodennähe wie kleine Schirmchen, die die Sonnenstrahlen vom Boden abhalten. Auch harte Regentropfen, wie sie ein Platzregen mit sich bringen kann, prallen an den »Blätterschirmen« ab und fließen fein zerteilt auf den Boden. Und damit nicht genug, die »Zwischendurchgemüse« können auch geerntet werden, sodass man nicht nur den Platz gut nutzt, sondern auch den Gaumen verwöhnt.

Auch andere kleinbleibende, schnell wachsende Gemüsearten und Kräuter eignen sich als Zwischenkultur: Radieschen, Kohlrabi, Salate, Ringelblumen oder Dill. Sobald langsam wachsendes Gemüse beginnt, sich auszubreiten, kann und sollten die Lückenfüller geerntet werden.

 Salate, Radieschen und Kohlrabi sind praktische Lückenfüller. Doch Vorsicht! Setzen Sie die Schnellstarter nicht neben ihre Feinde. Salat verträgt sich beispielsweise nicht mit Petersilie und Sellerie.

Mischkultur übers Jahr

Im Folgenden werden Kombinationen vorgestellt, die leicht nachzuvollziehen und auch nachzumachen sind. Ab März geht es los, und mit etwas Geschick kann die Ernte bis zum nächsten Frühjahr andauern.

Für Kartoffelfreunde

Frühkartoffeln, Spinat & Radieschen, gefolgt von Grünkohl & Porree: Frühkartoffeln sind eine gute Vorfrucht für Porree und Grünkohl, denn sie hinterlassen den Boden locker. Die Zwischenreihen mit Radieschen und Spinat liefern erste Vitamine und bedecken den Boden, bis die Kartoffeln groß genug sind. Nach den Kartoffeln können ab Juli Winterporree und Grünkohl gepflanzt werden, die bis zum Spätwinter auf dem Beet stehen bleiben können.

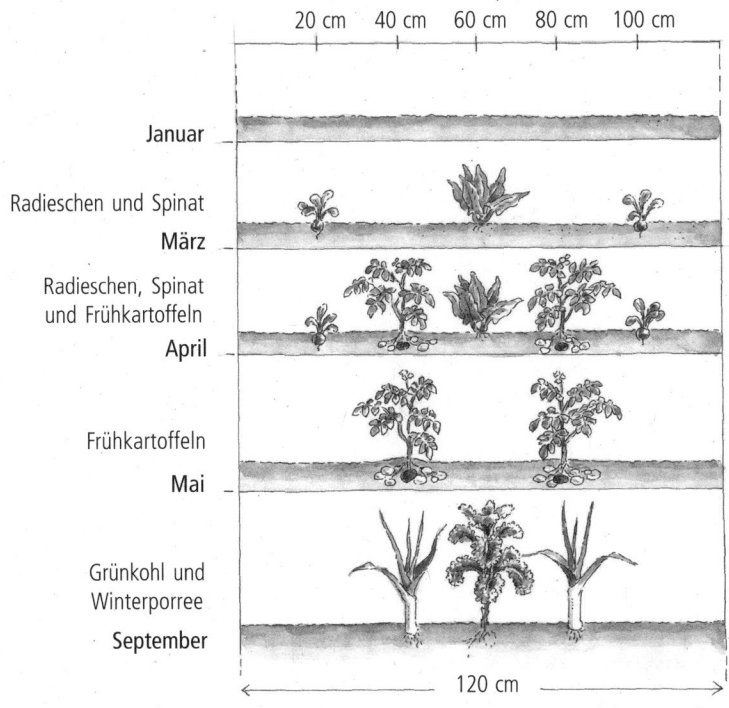

Frühkartoffeln in Mischkultur übers Jahr

Kohl & Salat

Kohl, Salat, Kohlrabi & Radieschen, gefolgt von Endivien & Spinat: Ab März werden in die mittlere Reihe des Beetes junge Kohlpflanzen gesetzt. Links und rechts werden je zwei Reihen (Abstände je 20 cm) bepflanzt – innere Reihen mit frühem Kopfsalat und äußere Reihen mit Kohlrabi. Am Beetrand bleibt links und rechts noch Platz für jeweils eine Reihe mit Radieschen. Wenn der Abstand zwischen Kohl- und Kopfsalatreihen weit genug gewählt wird, ist dazwischen auch noch Platz für die schnellen Radieschen. Die Radieschen räumen als Erste das Beet, um den Salatköpfen Platz zu machen. Diese sind bis spätestens Ende Juni abgeerntet und lassen nun ihrerseits dem Kohl genügend Platz zum Ausdehnen. Die beiden frei werdenden Reihen links und rechts vom Kohl können nun mit Endiviensalaten bepflanzt werden. Ist der Kohl im Oktober geerntet, kann noch Spinat oder Feldsalat gesät werden.

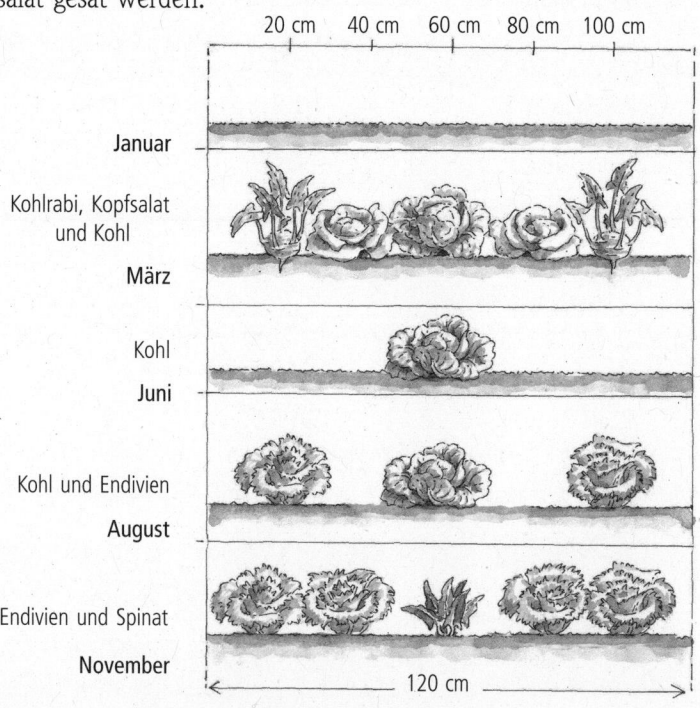

Kohl & Salat in Mischkultur übers Jahr

Tipp *Sie können in der Kohlreihe verschiedene Kohlarten anpflanzen, ganz wie Sie möchten: Rot- oder Weißkohl, Wirsing oder Blumenkohl.*

Weitere Zweier- und Dreierkombinationen
In den vorangegangenen Abschnitten »Partner im Duett« (siehe Seite 82) und »Flotte Dreier« (siehe Seite 90) wurden bereits Kombinationen verschiedener Hauptkulturen mit ihren Vor- oder Nachkulturen für eine Mischkultur übers Jahr vorgestellt:
- Löwenzahn & Neuseeländer Spinat (mit Vorkultur Kopfsalat)
- Rote Bete & Blumenkohl
  (mit Nachkultur Winterporree & Radicchio)
- Frühkartoffeln & Koriander
  (mit Nachkultur Winterrettiche & Endivien)
- Kopfsalat & Kohlrabi (mit Nachkultur Schnittsalat & Buschbohnen)
- Gartenbohnen & Bohnenkraut
  (mit Vorkultur Salat & Radieschen, mit Nachkultur Grünkohl)
- Porree & Möhren (mit Vorkultur Salat)
- Möhren, Schwarzwurzeln & Schnittsalat (mit Nachkultur Spinat)
- Tomaten, Sellerie & Grünkohl (mit Vorkultur Puffbohnen)
- Kohlrabi, Salat & Radieschen
  (mit Nachkultur Sellerie, Buschbohnen & Feldsalat)

Obst in der Mischkultur

Obst im Gemüse- oder Staudenbeet ist eher eine Seltenheit. Nur die Erdbeeren haben eine ausgesprochene »Beetkultur«. Strauch- und Baumobst gedeiht in den meisten Gärten außerhalb des Küchengartens oder an dessen Grenzen. Doch Obstgehölze müssen nicht einfach nur im Rasen stehen. Geeignete Unter- und Beipflanzungen finden sich hier bestimmt. Die außergewöhnliche Freundschaft von Johannisbeere und Wermut wurde bereits auf Seite 43 vorgestellt. Die Übersicht auf den nächsten Seiten zeigt bekannte Verträglichkeiten der verschiedenen Obstarten untereinander und mit Gemüse, Kräutern und Blumen.

Partnerschaften von Beerenobst und Baumobst

Obstart	günstige Partner	ungünstige Partner	widersprüchliche Informationen
Äpfel (Malus domestica)	Brombeeren, Gartenkresse, Pfefferminze, Schnittlauch	Möhren, Kartoffeln	
Aprikosen (Prunus armeniaca)	Gartenkresse	Eberraute, Kartoffeln, Tomaten	
Birnen (Pyrus communis)	Gurken, Knoblauch, Möhren, Pfefferminze, Spinat, Zuckermais		
Brombeeren (Rubus fruticosus)	Äpfel		
Erdbeeren (Fragaria × ananassa)	Borretsch, Endivien, Feldsalat, Gartenbohnen, Gartenmelde, Porree, Ringelblumen, Salate, Spinat, Studentenblumen, Zwiebeln	Brokkoli, Chinakohl, Grünkohl, Kohlrabi, Kopfkohl, Paprikas, Radieschen, Rettiche, Rosenkohl	Knoblauch
Himbeeren (Rubus idaeus)	Knoblauch, Pflaumen, Ringelblumen, Weinraute	Kartoffeln	

108

Tabelle: Partnerschaften von Beerenobst und Baumobst

Obstart	günstige Partner	ungünstige Partner	widersprüchliche Informationen
Kirschen *(Prunus cerasus, Prunus avium)*		Pflaumen	
Pfirsiche *(Prunus persica)*	Knoblauch	Kerbel	
Pflaumen *(Prunus domestica)*	Himbeeren, Johannisbeeren, Knoblauch		
Johannisbeeren *(Ribes rubrum, Ribes nigrum)*	Wermut		
Stachelbeeren *(Ribes uva-crispa)*	Johannisbeeren, Knoblauch, Puffbohnen, Tomaten		
Wein *(Vitis vinifera)*	Basilikum, Borretsch, Brombeeren, Spargel, Ysop	Kopfkohl, Rettiche Salbei	
Zuckermelonen *(Cucumis melo)*	Kartoffeln		

Das ABC im Gemüsegarten

Die Gärtnerin Gertrud Franck (1905 – 1996) entwickelte über Jahrzehnte hinweg ihr eigenes Modell eines Reihenmischkulturgartens. Sie verzichtete dabei auf die klassische Beetform mit festen Wegen. Ihre Beete waren zwei Meter breit. In einem bestimmten Rhythmus wechselten sich Hauptkulturen, Mittelkulturen und Kurzkulturen ab, die sie als A-, B- und C-Kulturen bezeichnete. Als Wege dienten Spinatreihen, die zwischen den Gemüsereihen angeordnet waren.

Wer sich schon etwas mit der Mischkultur auskennt, kann sich von diesem System inspirieren lassen. Weitere Informationsquellen zum Franck'schen Mischkultursystem finden Sie in der Literaturliste auf Seite 157.

Das ABC

In die Gruppe A werden alle starkwüchsigen Arten eingeordnet, die entweder in die Höhe gehen wie die Stangenbohnen oder in die Breite wie die Tomaten. Diese sind die Hauptkulturen, die nach einer kurzen Vorkultur fast das gesamte Gartenjahr in der Reihe bleiben. Die Gemüsearten der Gruppe B stehen nur die halbe Gartensaison auf dem Beet. Es sind klassische Vorkulturen wie Erbsen und Nachkulturen wie Winterporree. Zur Gruppe C zählen all jene Gemüse, die mehrmals im Jahr gesät und geerntet werden können wie Salate und Radieschen (zum Beispiel frühe Möhren gefolgt von späten Salaten).

Tipp *Die drei Reihen (eine B-Reihe und zwei C-Reihen) zwischen zwei A-Reihen müssen nicht immer mit B- und C-Gemüse bepflanzt werden. Sie können auch nur B- oder nur C-Gemüse verwenden.*

Als aufmerksamer Leser werden Sie bestimmt merken, dass die Gemüse nach ihrem Platzbedarf und ihrer Kulturdauer eingeteilt werden und nicht nach ihrem Nährstoffbedarf. Innerhalb der Gruppen A und B gibt es Stark-, Mittelstark- und Schwachzehrer, in der Gruppe C nur Mittelschwach- und Schwachzehrer. Durch die Flächenkompostierung mit Spinat, welche die Gemüsebeete für das kommende Jahr mit Mulch und Kompost ausreichend vorbereitet, muss der Nährstoffbedarf der einzelnen Gemüse weniger berücksichtigt werden. Denn im Frank'schen System wird eine diesjährige Spinatreihe im folgenden Jahr eine Gemüsereihe. Den Hauptkulturen aus Gruppe A werden die Kulturen aus den Gruppen B und C entsprechend den Prinzipien der Mischkultur zugeordnet.

ABC der Gemüsearten nach Gertrud Franck

A	B	C
Gurken	Buschbohnen	Endivien
Kartoffeln	Erbsen	Gemüsefenchel
Kohl	Kohl	Kohlrabi
(späte Arten wie	*(frühe Sorten*	Möhren
Rosenkohl, Grünkohl,	*von Blumenkohl,*	*(frühe Sorten)*
späte Sorten von	*Kopfkohl, Wirsing)*	Radieschen
Brokkoli, Kopfkohl,	Mangold	Rettiche
Blumenkohl, Wirsing)	Möhren	*(frühe Sorten)*
Puffbohnen	*(Spät- und*	
Stangenbohnen	*Lagersorten)*	
Tomaten	Pastinaken	
Zucchini	Porree	
	Rettiche	
	(Herbst- und	
	Wintersorten)	
	Rote Bete	
	Schwarzwurzeln	
	Sellerie	
	Zwiebeln	

Wie funktioniert das Franck'sche System?

Bevor es losgeht, wird ab März Spinat mit Abstand zwischen den Reihen von 50 cm gesät. Mit den Spinatreihen wird die spätere Beeteinteilung sichtbar. Zwischen die Spinatreihen werden später die eigentlichen Gemüsekulturen gesetzt. Zwischen den Gemüsereihen liegt jeweils ein Abstand von 50 cm. Die A- und B-Reihen haben jeweils einen Abstand von 1 m zueinander. Zwischen den A- und B-Reihen liegen die C-Reihen. Die C-Reihen haben stets einen Abstand von 1 m, und bei einem gleichmäßigen Abwechseln von A- und B-Reihen sind zwei A-Reihen ebenso wie zwei B-Reihen 2 m voneinander entfernt. Der wachsende Spinat gibt den jungen Gemüsepflänzchen Schutz und Schatten und schützt den Boden vor Austrocknung. Wird der Spinat nicht geerntet, sollte er mit einer Hacke abgeschnitten werden, bevor er blüht, und als gesunder Mulch im Gemüsegarten liegen bleiben. Wurzeln und Blattmasse sind eine »Startnahrung« für die Bodenmikroorganismen und düngen den Boden. Mit seinem hohen Gehalt an Saponinen und Schleimstoffen soll der Spinat benachbarte Pflanzen in ihrem Wachstum fördern. Die gehackten Spinatreihen dienen dem Gärtner im Laufe der Saison als »weiche« Wege. So wird aus der im Frühjahr gesäten Spinatreihe ein Spinatweg.

Der Verzicht auf feste Wege und der Übergang zu »weichen« Wegen machen es möglich, jedes Jahr um 25 cm im Garten zu rotieren. So verschiebt sich eine Gemüsereihe im nächsten Jahr auf eine Spinatreihe, die den Boden bereits vorbereitet hat. Auf diese Weise ist auch die Fruchtfolge kein Problem und mehrere A-Reihen mit Tomaten oder Gurken können (im Abstand von 2 m) nebeneinanderstehen, da gleiche Arten bei unveränderter Reihenabfolge nur alle acht Jahre auf dieselbe Stelle kommen! Anders ist das bei den C-Reihen: Hier sollte man besonders wegen der Gemüsefliegen vorsichtig sein und die Anbaupausen einhalten.

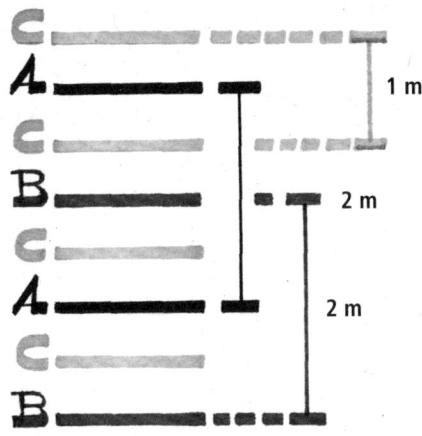

Das ABC im Gemüsegarten nach Gertrud Franck: A-Reihen für hohe oder breite Hauptkulturen mit einer Ernte, B-Reihen für Kulturen mit zwei Ernten in der ersten und zweiten Hälfte des Gartenjahres, C-Reihen für niedrige Kulturen mit kurzer Vegetationszeit

Wichtig: Einmal abgesteckt, darf die Reiheneinteilung nicht mehr verschoben werden, sonst kommt das ganze System durcheinander. Am besten markieren Sie alle Reihen mit farbigen Etiketten (A: rot, B: grün, C: blau) und den Namen der Gemüse.

Es muss nicht immer Spinat sein

Spinat ist ein Gänsefußgewächs. Wollen Sie andere Gemüse aus der gleichen Familie wie Mangold, Gartenmelde und Erdbeerspinat in die Mischkultur eingliedern, sollten Sie auf Spinateinsaaten und Spinatwege verzichten. Die Anbaupausen von acht Jahren könnten nur schwer eingehalten werden. Verwenden Sie an diesen Stellen im Garten statt Spinat eine andere schnell wachsende Gründüngungspflanze wie Phacelia oder Feldsalat. Senf wächst zwar ebenfalls schnell, kann aber problematisch werden, wenn der Boden mit Kohlhernie belastet ist.

Besondere Mischkulturbeete

Hügelbeete und Hochbeete

Wie auf flachen Beeten können Mischkultur und Fruchtfolge ebenso auf Hügel- und Hochbeeten umgesetzt werden. Die Nährstoffzusammensetzung dieser besonderen Beete ändert sich im Lauf der Jahre. In den ersten drei Jahren nach dem Aufbau ist mit einer großen Menge an Stickstoff zu rechnen. Durch den Verrottungsprozess kommt es, ähnlich wie in einem Komposthaufen, zu einer starken Wärmeentwicklung. Daher werden im ersten Jahr vorwiegend wärme- und nährstoffbedürftige Gemüsearten wie die Kürbisgewächse gepflanzt. Auf nitratspeichernde Arten wie Spinat, Mangold und Salate sollte dagegen in den ersten drei Jahren verzichtet werden. Ab dem dritten Jahr können auch Schwach- und Mittelstarkzehrer auf das Beet.

Nitrat in Gemüse

Spinat, Feldsalat, Rauken wie Salatrauke und Rucola, Kopfsalate, Endivien, Stielmangold, Radieschen, Rettiche und Rote Bete sind sogenannte Nitratsammler, die in ihren Blättern, Stängeln und Knollen Nitrat speichern. Das machen sie aber nicht die ganze Zeit. Besonders ein Mangel an Licht, wie er morgens, im Frühjahr und Herbst oder im Winter im Gewächshaus auftritt, führt dazu, dass Nitrat, das die Pflanze zum Wachsen braucht, in der Pflanze nicht abgebaut wird. Aber auch eine Stickstoffüberversorgung, die auf Hügel- und Hochbeeten in den ersten Jahren und auf für Starkzehrer vorbereiteten Beeten auftreten kann, erhöht den Nitratgehalt in den Pflanzen.

Auch andere Gemüsearten speichern Nitrat, aber bei weitem nicht so viel wie die genannten Arten. Mittlere Nitratwerte haben Sellerie, Frühmöhren, Kopfkohl, Chinakohl, Grünkohl, Blumenkohl, Kohlrabi, Wirsing und Zucchini. Gemüse mit einem sehr niedrigen Nitratwert sind Tomaten, Gurken, Paprikas, Rosenkohl, Erbsen, Bohnen, Knoblauch, Zwiebeln, Porree und Kartoffeln.

Bei Anbau und Ernte von Gemüse kann der Nitratgehalt weitgehend gesteuert werden.
- Düngen Sie nur mit so viel Stickstoff, wie notwendig ist. Bodenproben geben Aufschluss über den Nährstoffgehalt des Bodens.
- Verringern oder verzichten Sie vollkommen auf den Winteranbau von Spinat oder Feldsalat unter Glas und Folie. Durch die geringe Lichteinstrahlung wird das Nitrat in den Pflanzen nicht abgebaut, sondern gespeichert.
- Ernten Sie nitratspeicherndes Gemüse nicht am frühen Morgen. Der Nitratgehalt verringert sich durch Lichteinstrahlung im Laufe des Tages.
- Extreme Trockenheit veranlasst die Pflanzen ebenfalls, Nitrat zu speichern. Hohe Temperaturen und viel Licht helfen dagegen beim Abbau.

Warum ist es wichtig, zu wissen, welche Pflanzen besonders viel Nitrat speichern? Nitrat kann im menschlichen Körper in Nitrit umgewandelt werden. Daraus können durch Reaktion mit Aminen krebserregende Nitrosamine entstehen.

Wenn Sie auf Nummer sicher gehen möchten, entfernen Sie vor dem Verzehr des Gemüses Stängel, Strünke und äußere Blätter. Hier wird der Hauptanteil an Nitrat gespeichert. Auch beim Kochen und Blanchieren wird ein Teil ausgeschwemmt. Beim langsamen Abkühlen und erneuten Aufwärmen, zum Beispiel von Spinat, kann Nitrat in Nitrit umgewandelt werden. Vitamin E (zum Beispiel in Pflanzenöl), Vitamin C (zum Beispiel in Zitronen- oder Orangensaft), Betacarotine (zum Beispiel in Paprika und Möhren) und viele weitere Inhaltsstoffe in Gemüse und Obst hemmen die Krebsentstehung.

Wie ein Hügelbeet entsteht

Hügelbeete bieten viele Vorteile. Die Wärmefreisetzung in den ersten beiden Jahren wurde bereits erwähnt. Durch die geneigte Fläche des Hügels ist der Lichteinfall besser und die Reihen können enger gesteckt werden. Die gekrümmte Oberfläche vergrößert nicht nur die Anbaufläche, sondern auch den Ertrag. Das Hügelbeet sollte nicht breiter als 180 cm und etwa 60 bis 70 cm hoch sein.

Ein Hügelbeet errichten Sie folgendermaßen:

Zunächst den Oberboden etwa 1,50 m breit und 4 m lang spatentief (etwa 25 cm) ausheben. Wer bekanntermaßen Wühlmäuse in seinem Garten hat, kann ein engmaschiges, rostfreies Maschendrahtgeflecht in die Grube legen. Wichtig ist, dass der Maschendraht wenigstens 10 cm über den Rand hinausragt, um auch eine Zuwanderung von den Seiten zu vermeiden. In der Mitte einen 60 cm breiten und 40 cm hohen Kern aus zerkleinertem Holz (zum Beispiel Heckenschnitt, Baumschnitt) aufschichten, der mit einer 10 cm dicken Schicht aus umgedrehten Grassoden abgedeckt wird. Alternativ kann auch eine 15 cm hohe Schicht aus Grasschnitt, Stroh oder gemischten Gartenabfällen aufgelegt werden. Darüber etwa 30 cm gemischtes, feuchtes (!) Laub legen. Darauf folgt eine 15 cm dicke Schicht aus Grobkompost. Den Abschluss bildet eine 15 bis 25 cm hohe Lage aus einer Mischung aus gut verrotteter Komposterde und dem beiseite gelegten Oberboden.

Die beste Zeit für die Anlage eines Hügelbeetes ist der Spätherbst. Jetzt finden sich genügend Materialien im Garten, und das Beet kann sich über den Winter setzen. Um Abschwemmung oder Austrocknung zu vermeiden, können Sie das Hügelbeet mit Stroh oder einer Mulchfolie abdecken.

Wird das Hügelbeet in Nord-Süd-Richtung angelegt, kann das einfallende Licht optimal ausgenutzt werden. Achten Sie dann aber darauf, dass die Westseite des Hügelbeetes nicht austrocknet.

Bauanleitung: Wie ein Hügelbeet entsteht

Aufbau eines Hügelbeetes mit 180 cm Beetbreite und etwa 60 cm Beethöhe

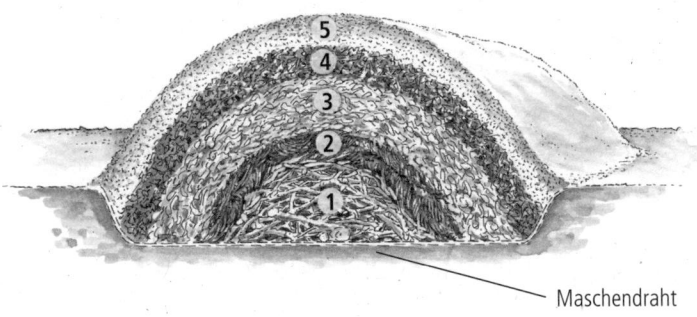

Maschendraht

1: Hecken- oder Baumschnitt (etwa 40 cm hoch)
2: Grassoden (etwa 10 cm hoch)
3: feuchtes Laub (etwa 30 cm hoch)
4: Grobkompost (etwa 15 cm hoch)
5: Komposterde und Oberboden (etwa 15 cm hoch)

Tipp *Der Nährstoffgehalt eines Hoch- oder Hügelbeetes wird häufig falsch eingeschätzt. Die Nährstoffe sind oft schneller verbraucht als angenommen. Der Nährstoffgehalt hängt in großem Maße von den verwendeten Materialien ab. Wird viel Komposterde oder Mist beim Aufbau verwendet, ist der Nährstoffgehalt hoch. Kommt stattdessen in erster Linie nährstoffarmer Gartenboden in die Beete, muss bereits ab dem dritten oder vierten Jahr nachgedüngt werden (etwa drei Liter Kompost pro Quadratmeter). Kümmerlicher Wuchs und gelbe Blätter sind Hinweise auf Nährstoffmangel (siehe auch Seite 50).*

Auf dem Hügelbeet

Ein Hügelbeet kann etwa sechs Jahre genutzt werden. Dann ist es ausgelaugt und wird neu aufgebaut. Um dieses wertvolle Beet in vollem Umfang zu nutzen, können Sie sich eines Gärtnertricks bedienen: Anstatt direkt auf das Beet zu säen, werden Jungpflanzen gesetzt, die in einem Kleingewächshaus, einem Frühbeet oder auf der warmen Fensterbank vorgezogen wurden. Die Pflanzen haben so einen Entwicklungsvorsprung, und Sie können mehr und öfter ernten.

Im ersten Jahr

Das erste Jahr gehört den wärmeliebenden, mittelstarkzehrenden Gemüsearten wie Gurken, Zucchini, Kürbissen und Zuckermais. Die Nährstofffreisetzung ist noch nicht so hoch und die entstehende Verrottungswärme stillt den hohen Wärmebedarf dieser Arten. Da die genannten Gemüse erst ab Mitte Mai auf das Beet gesät oder gepflanzt werden, können ab März Kerbel, Winterportulak, Mairüben oder früher Porree gesät werden. Gurken und Co. kommen auf die Hügelmitte, hochwachsender Zuckermais an den Rand. Auch andere Mittelstarkzehrer wie Schwarzwurzeln (ab März), Zichoriensalate oder Stangensellerie finden im ersten Jahr Platz auf dem Beet.

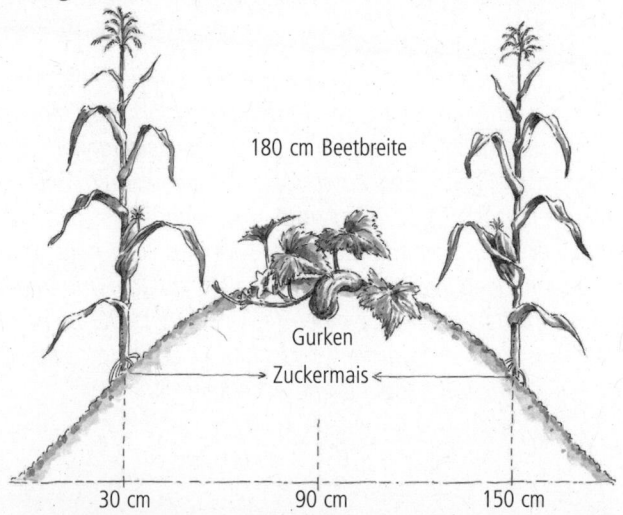

Ab Mitte Mai werden Gurken gesät oder gepflanzt. In jeweils 60 cm Abstand zur Gurkenreihe wird Zuckermais gepflanzt.

Ab Juli frei werdende Reihen können mit Gemüsefenchel, Endivien, Winterporree oder Römischem Salat (Bindesalat) bestellt werden. Als späte Nachkulturen bieten sich Winterportulak und Feldsalat an.

Im zweiten Jahr
Das zweite Jahr steht im Zeichen der Starkzehrer. Die Nährstofffreisetzung ist im vollen Gange. Tomaten, Paprikas und Kohlarten werden ab Mai auf das Beet gesetzt, wobei die Tomaten die Reihe auf dem Hügelkamm und damit die restliche Verrottungswärme erhalten.

Als Vorkultur bieten sich frühe Kohlrabisorten an, die ab März unter ein Vlies gesetzt und spätestens im Mai geerntet werden. Ab April können sich auch Frühkartoffeln unter dem Vlies zum Kohlrabi gesellen, die spätestens im Juni geerntet werden. Ab Juni können auf beiden Seiten des Hügelbeetes späte Kohlsorten zu den Tomaten gepflanzt werden, zum Beispiel ab Juni Blumenkohl oder Kopfkohl und ab Juli Chinakohl, Grünkohl oder Rosenkohl.

Tipp *Im Winter sollten Sie das Beet mit Mulch oder Gründüngung abgedecken. Im Frühjahr wird die obere Mulchschicht entfernt, der Boden oberflächlich gelockert und zwei bis drei Zentimeter Feinkompost aufgebracht.*

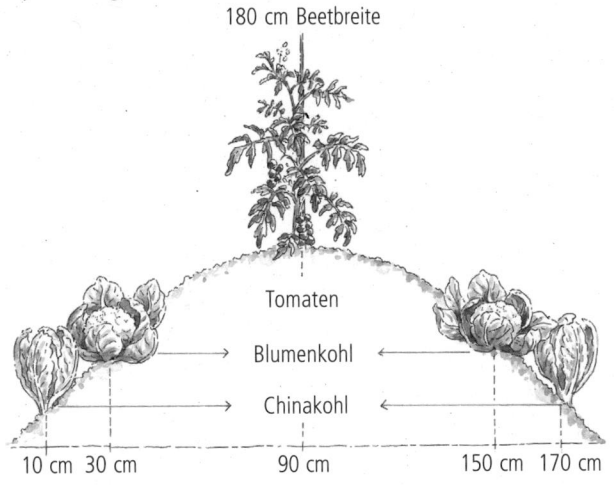

In einem Abstand von 60 cm von den Tomaten steht links und rechts je eine Kohlreihe, 20 cm entfernt folgt je eine weitere Reihe Kohl.

Im dritten Jahr
Im dritten Jahr sind die Starkzehrer immer noch die Favoriten. Die Wärme ist jetzt zwar aufgebraucht, der Stickstoffgehalt aber noch hoch. Verschiedene Kohlarten, Tomaten, Paprikas, Sellerie und Lagermöhren können gepflanzt werden.

Ab März können frühe Sorten von Blumenkohl und Kopfkohl unter einem Vlies gesetzt werden. Paprikas oder Tomaten erhalten ab Mitte bis Ende Mai den Platz auf dem Hügelkamm. An den Seiten können ab April Lagermöhren, ab Juni Sellerie oder später Wirsing und ab Juni Winterkohl (Rosenkohl, Grünkohl) gesät oder gepflanzt werden. In freie Reihen kann zum Schutz vor Erosion eine Wintergründüngung eingesät werden.

> **Tipp** *Treten Mangelerscheinungen wie gelbe Blätter oder Kümmerwuchs auf, sollte mit Pflanzenjauchen nachgedüngt werden. Um dem im kommenden Jahr vorzubeugen, sollten jährlich Frühjahrsgaben mit etwa 3 l Kompost pro Quadratmeter eingeplant werden.*

Im vierten Jahr
Im vierten Jahr stehen wieder mittelstarkzehrende Gemüsearten auf dem Hügelbeet. Nun können auch Salate, Spinat, Mangold und Rettiche ohne Bedenken in die Mischkultur aufgenommen werden.

Gurken, Kürbisse und Zucchini werden ab Mitte Mai an die höchste Stelle auf den Hügelkamm gepflanzt. Verschiedene Blattgemüse teilen sich die Randreihen: Mangold ab April, Löwenzahn, Sommerportulak und verschiedene Sommersalate wie Endivien, Römischer Salat (Bindesalat), Eissalate oder Kopfsalate ab Mai und Neuseeländer Spinat ab Ende Mai.

Als Vorkulturen kommen ab Mitte Februar Spinat, ab März frühe Pflück- und Schnittsalate, Radieschen und frühe Rettichsorten und ab April das Küchenkraut Petersilie auf das Beet.

Mehrjährige und überwinternde Arten und Sorten wie Löwenzahn, Petersilie und Mangold können den Winter über stehen bleiben und im Frühjahr geerntet werden. In frei werdende Reihen werden Feldsalat, Winterportulak und Löffelkraut gesät.

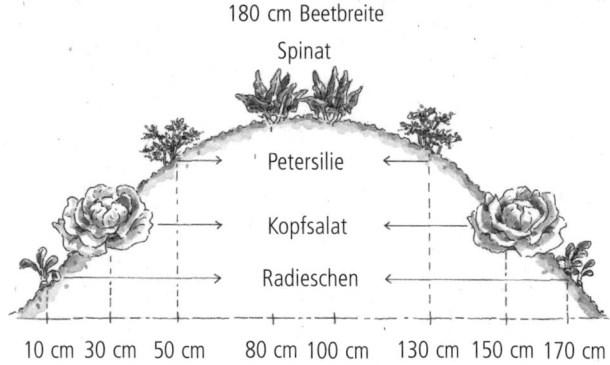

Auf dem Kamm werden zwei Reihen Spinat im Abstand von 20 cm gesät. Daran schließen sich links und rechts je eine Reihe Petersilie, Salat und Radieschen an.

Im fünften Jahr
Das fünfte Jahr gehört Schwachzehrern wie den Schmetterlingsblütengewächsen. Im zeitigen Frühjahr können ab Februar vorgezogene Puffbohnen und ab März frühe Erbsensorten gesetzt werden. Ab Ende Mai bis Anfang Juni können dann auch die frostempfindlichen Zuckererbsen, Stangen-, Busch- und Feuerbohnen folgen.

Tipp *Ab dem fünften Jahr kann auch eine Dauerkultur auf dem Hügelbeet stehen. Dafür können bereits im Juli oder August des vierten Jahres anstelle der Wintergemüse Erdbeeren gepflanzt werden. Diese bleiben dann das fünfte und sechste Jahr auf dem Hügelbeet.*

Im sechsten Jahr
Auch im sechsten Hügelbeetjahr können noch einmal Schmetterlingsblütengewächse auf das Beet gesät und gepflanzt werden. In seinem letzten Jahr ist das Hügelbeet bereits zusammengesunken. Wertvoller Humus hat sich gebildet, der im Garten verteilt werden kann. Auch die Stelle, an der sich das Hügelbeet erhoben hat, enthält immer noch genügend Humus, um es weiterhin als normales, »flaches« Beet weiter zu nutzen.

Wie ein Hochbeet gebaut wird

Die Zutaten für ein Hochbeet werden ähnlich zusammengestellt wie für ein Hügelbeet. Die Breite des Hochbeetes sollte so gewählt sein, dass Sie bequem bis zur Mitte reichen können. Im Allgemeinen wird von einer Breite zwischen 120 und 150 cm ausgegangen. Das Hochbeet sollte etwa Tischhöhe haben: 70 bis 80 cm. Sie können das Beet aber auch niedriger anlegen. Die Länge ist beliebig. Hier liegen die Beschränkungen eher in der Menge der Ausgangsmaterialien. Mehrere Hochbeete nebeneinander sind besser als ein sehr langes, da Sie mehrere Hochbeete in einer Fruchtfolge rotieren lassen können. So haben Sie eine größere Auswahl frischer Gemüse und nicht nur Stark- oder Mittelstark- oder Schwachzehrer.

Innerhalb der vorgesteckten Maße wird eine Grube von 25 cm Tiefe ausgehoben. Der Randgraben, in dem die Wände verankert werden, sollte etwa 50 cm tief und 25 bis 30 cm breit sein. Wandmaterialien können langlebige Rund- oder Kanthölzer (etwa 8 cm Durchmesser), L-Betonsteine oder Ziegelsteine sein. An den Eckpunkten werden Pflöcke eingeschlagen. Innen bringt man (nur!) an den hochgezogenen Wänden eine Teichfolie an, damit die Erde später nicht durch die Spalten rieselt. Zudem wird so die Gefahr des Austrocknens verringert. Ausnahmen sind Wände aus Ziegelsteinen. Auf den Boden des Hochbeetes wird rostfreier Kaninchen- oder Maschendraht ausgelegt und an den Wänden hochgezogen. So wird Mäusen und Ratten der Zugang in dieses »Paradies« verwehrt. Wie beim Hügelbeet beginnt man mit einem Holzkern zur besseren Durchlüftung. Er besteht aus Zweigen und Ästen (Durchmesser 5 bis 7 cm) und wird etwa 40 cm hoch eingeschichtet. Zwischen die Äste wird Mutterboden oder Gartenerde gestreut und ordentlich mit Wasser eingeschlämmt. Damit möglichst keine Hohlräume entstehen, die das Hochbeet dann später allzu sehr absacken lassen, sollten Sie diese Schicht ordentlich festtreten. So gerät der Untergrund mit dem Hochbeetinhalt in Kontakt. Die nächste Schicht besteht aus einer 20 cm hohen Lage dünner Zweige, die nicht länger als 30 cm sind. Auch diese Schicht wird mit Mutterboden oder Gartenerde bestreut, eingeschlämmt und festgetreten. Darüber kommt verrotteter Stallmist oder verrottetes Laub mit Hornspänen (alternativ Raps- oder Rizinusschrot), etwa 10 cm hoch. Darauf folgen 20 cm Grobkompost und 15 cm Muttererde mit einem Drittel Feinkompost.

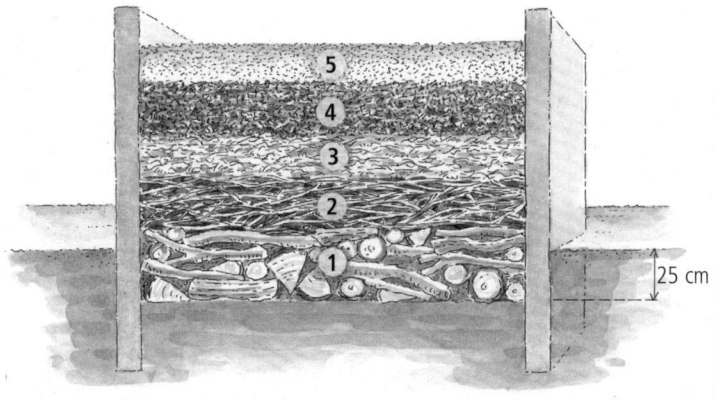

Aufbau eines Hochbeetes mit 120 bis 150 cm Beetbreite und 70 bis 80 cm Beethöhe

1: Holzkern, mit Mutterboden eingeschlämmt und festgetreten
2: Zweige, mit Mutterboden eingeschlämmt und festgetreten
3: verrotteter Stallmist oder angerottetes Laub (und Hornspäne)
4: Grobkompost oder Rohkompost
5: Mutterboden oder Gartenerde und Feinkompost

Auf dem Hochbeet

Die Wirkungsweise eines Hochbeetes entspricht der eines Hügelbeetes, doch gibt es einen entscheidenden Unterschied: Durch die feste Umrandung und das Auskleiden mit Teichfolie kann der Gasaustausch nur nach oben stattfinden (und nicht wie beim Hügelbeet auch seitlich). Dadurch erfolgt der Abbauprozess langsamer und das Hochbeet kann ein bis zwei Jahre länger genutzt werden. Das jährliche Schrumpfen und Absacken, zu dem es durch die Verrottung der Bestandteile kommt, kann im Frühjahr mit Kompost ausgeglichen werden.

Nach den sieben oder acht Jahren Laufzeit brauchen Sie das Hochbeet nicht abbauen. Sie können auf dem wertvollen Humus Gemüsekulturen wie auf einem erhöhten Flachbeet anbauen, natürlich mit entsprechender Düngung und dem Säen von Gründüngungspflanzen. Sie können den Humus aber auch aus dem Hochbeet herausnehmen und auf anderen Beeten verteilen. Das Hochbeet wird danach mit neuen organischen Materialien bestückt. So können Sie im folgenden Jahr auch wieder den Wärmeeffekt für eine intensive Bewirtschaftung nutzen.

Die Auswahl der Gemüsearten richtet sich nach ähnlichen Grundsätzen wie beim Hügelbeet. Im ersten Jahr werden Mittelstarkzehrer angebaut (ohne Nitratsammler). Im zweiten, dritten und vierten Jahr werden so viele Nährstoffe freigesetzt, dass Starkzehrer ausgewählt werden können. Im fünften und sechsten Jahr werden wieder Mittelstarkzehrer angebaut (jetzt auch Nitratsammler). Im siebten, achten und sogar neunten Jahr können Erdbeeren oder Leguminosen wie Erbsen und Bohnen gepflanzt und gesät werden.

Sie sehen also, die Fruchtfolge verzögert sich durch den langsameren Abbauprozess um ein bis zwei Jahre im Vergleich zum Hügelbeet. Sie können die für das Hügelbeet beschriebenen Fruchtfolgen und Mischkulturen auch für die Hochbeete ausprobieren und bei Gelegenheit weiterentwickeln. Für die intensive Nutzung des Hochbeetes können wie für den Anbau auf dem Hügelbeet die meisten Gemüse im Gewächshaus, im Frühbeetkasten oder auf der Fensterbank vorgezogen werden.

Tipp *Sie können das Hochbeet auch aus der Fruchtfolge ausklammern, indem Sie Dauerkulturen wie Spargel, Rhabarber oder Artischocken pflanzen. Setzen Sie passende Gemüsenachbarn daneben.*

Kraterbeete – Gärtnern im Kreis

Schon die Inkas fingen mit kreisförmigen Kraterbeeten die Sonne ein, um in den Höhenlagen der Anden wärmeliebende Pflanzen anzubauen. Und auf den Kanarischen Inseln wird die Kratertechnik noch heute genutzt. Denn kreisförmige Beete mit einer Mulde im Zentrum und einem aufgeschütteten Wall am Rand bieten einige Vorteile. Der hochgezogene Wall schützt empfindliche Kulturen vor dem Wind, und Feuchtigkeit wird gesammelt. Im vertieften Zentrum liegende Basaltsteine speichern tagsüber die Wärme und geben diese nachts an die Umgebung ab.

Gemüsevielfalt aus dem Krater: Petersilie, Schnittlauch, Radieschen, Pflücksalat, Sellerie, Tomaten, Kohl, Salate und Kapuzinerkresse (von links nach rechts)

Ein rundes Beet als Sonnenfalle

Kraterbeete anzulegen, ist einfacher, als Hoch- oder Hügelbeete zu bauen. Sie brauchen einen freien Platz in vollsonniger Lage, auf dem ein kreisrundes Beet mit einem Durchmesser von etwa 2 m entstehen kann. In die Mitte schlagen Sie einen Pflock. Ziehen Sie mit einer 1 m langen Schnur wie mit einem Zirkel einen Kreis um den Pflock. Markieren Sie den Kreisrand mit Sand. Ziehen Sie die Erde aus der Mitte an den Rand, sodass dort ein ringförmiger Wall entsteht. Das Zentrum sollte etwa 15 cm tiefer und der Wall etwa 20 cm höher als das Gartenniveau liegen. Gerät der Wall zu steil, lässt es sich später schlecht säen, und bei starken Regenfällen kann es zu Erdrutschen kommen. Lockern Sie den Boden im Wall gründlich mit einer Grabegabel und arbeiten Sie eventuell Kompost ein.

In die Mitte werden kreisförmig Steine gelegt, auf die Sie bei Pflegearbeiten treten können. Auch der Rand des runden Beetes kann mit Steinen eingefasst werden.

> **Tipp** *In rauen Lagen können Sie einen Pfahl in die Mitte des Beetes schlagen. Über den Pfahl wird eine Folie gezogen und am Rand mit Steinen befestigt. So entsteht ein kleines Frühbeetzelt, das den kleinen Pflänzchen gute Startbedingungen gibt.*

Fruchtfolge und Mischkultur zum Ausprobieren

Sie können Kraterbeete ähnlich wie Hügelbeete bepflanzen (siehe ab Seite 118). Es wird kreisförmig von innen nach außen gesät und gepflanzt. In der Mitte finden wärmebedürftige Hauptkulturen wie Tomaten und Gurken ihre Plätze. Drumherum kommen passende, weniger empfindliche Partner wie Salate. Vorkulturen wie Salate und Radieschen und Nachkulturen wie Winterportulak und Feldsalat verlängern die Saison. Sie können die Gemüse entsprechend ihres Nährstoffbedarfs wie auf normalen Beeten rotieren lassen: Auf Starkzehrer folgen Mittelstarkzehrer und auf Mittelstarkzehrer folgen Schwachzehrer. Am Kraterrand wachsen ein- und mehrjährige Kräuter oder einjährige, niedrige Sommerblumen dekorativ über die Steine.

Tipp *Ulrich Kowalewski, der die Kraterbeete aus Amerika für unsere Region abgewandelt hat, bepflanzt vier Kraterbeete nach biologisch-dynamischem Vorbild. So rotieren Blüten-, Blatt-, Wurzel- und Fruchtpflanzen Jahr für Jahr (siehe auch Seite 30).*

Mischkultur unter Glas

Mischkultur im Frühbeet und Gewächshaus? Warum eigentlich nicht? Schließlich brauchen Sie ständig Jungpflanzennachschub, um Ihre Beete das ganze Jahr mit Vor-, Haupt- und Nachkulturen bedeckt zu halten. Diese Kinderstube können Sie gut ins Frühbeet oder sogar in ein Kleingewächshaus verlegen. Und in raueren Lagen können wärmeliebende Gemüsearten wie Paprikas, Gurken und Auberginen ins mollig warme Gewächshaus ziehen.

Im Frühbeet

Bei der Reihenplanung eines intensiv genutzten Frühbeetes gehen Sie am besten von innen nach außen vor: Auf den mittleren, inneren Reihen stehen die Gemüse, die als Erstes wieder geerntet oder als Setzlinge ins Gemüsebeet umgesetzt werden. Wenn Sie das Frühbeet in der ersten Februarhälfte mit einer Mistpackung vorbereiten,

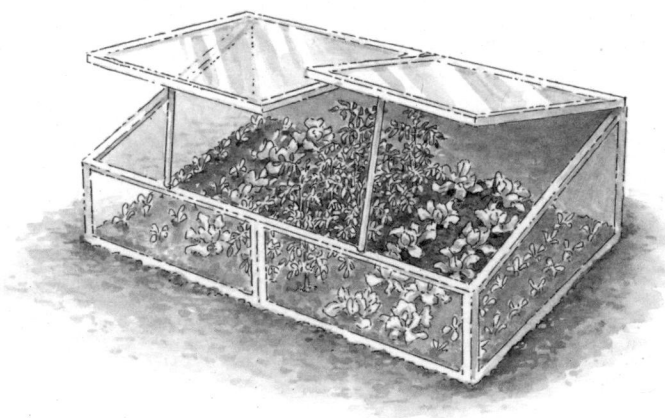

Der Frübeetkasten wird zur Kinderstube im Mischkulturgarten

ist später in diesen Reihen Platz für die Stark- und Mittelstarkzehrer Gurken, Zucchini, Kürbisse oder Tomaten. In den äußeren Reihen wachsen früher Kopfkohl und Kopfsalat. Anschließend können ab Ende April bis Anfang Mai Grünkohl und Rosenkohl für die Sommerpflanzung vorgezogen werden. Im August können Sie dann noch Feldsalat, Winterrettiche oder Wintersalate für die Winterernte säen.

Wer mehrere Frühbeetkästen zur Verfügung hat, kann auch hier gemäß der Fruchtfolge rotieren (siehe auch ab Seite 29). Im kommenden Jahr werden ein weiteres Frühbeet mit einer frischen Mistpackung und das letztjährige ohne Mistpackung angelegt. In letzterem können dann Mittelstarkzehrer wie Möhren, Rettiche, Salate und Spinat angebaut werden. Im dritten Jahr reichen die restlichen Nährstoffe in diesem Beet für die Anzucht von Kohl und Salat oder für Sommerblumen. Im vierten Jahr kommt dann im Februar wieder eine Mistpackung in dieses erste Frühbeet.

Im Gewächshaus

Im Gewächshaus ist das Prinzip ganz ähnlich wie beim Frühbeet. Bevor wärmeliebendes Gemüse einzieht, können ab Februar frühe Gemüse wie Kohl, Salate, Möhren und Radieschen als Vorkulturen gesät werden. Sobald diese die Gewächshausbeete geräumt haben, kommen ab Mai Tomaten, Paprikas oder Gurken in die Beete. Je nach Größe des Gewächshauses können Sie zwei verschiedene Gemüsearten anpflanzen, die sich in ihren Ansprüchen ähneln. Anschließend können ab Ende September bis Anfang Oktober noch Feldsalat und Spinat auf die geräumten Beete gesät werden. Aber Vorsicht: Im Winter ist die Nitratanreicherung in Feldsalat und Spinat besonders hoch. Alternativ können Sie diese Gemüse als Gründüngung verwenden oder andere Gründüngungspflanzen säen.

Auch im Gewächshaus können Hochbeete gebaut werden. Eine Besonderheit sind Mistbeete, die schon für das Frühbeet erwähnt wurden (siehe Seite 127). Diese wärmeerzeugenden und nährstoffreichen Beete sind genau richtig für Tomaten, Gurken und Co.

Tipp *Gurken und Tomaten sind in kleinen Gewächshäusern eine denkbar ungünstige Kombination. Sie unterscheiden sich zu stark in ihren Ansprüchen an die Luftfeuchtigkeit. Weichen Sie entweder auf Gurken und Melonen, die beide eine hohe Boden- und Luftfeuchtigkeit, oder auf Tomaten, Paprikas und Auberginen, die alle eine geringere Luftfeuchtigkeit brauchen, aus. Auch im Gewächshaus ist es möglich, durch die Mischkultur mit Kräutern einen positiven Effekt zu erzeugen (siehe ab Seite 77).*

Exotische Genüsse

Exotische Gemüsepflanzen wie Kapstachelbeeren, Okras, Schwammgurken und Bittergurken sind in unseren Breiten willkommene Abwechslungen. Sie werden am besten im Gewächshaus gezogen. Kapstachelbeeren und Okras können wie Tomaten angebaut werden. Sie haben ähnliche Ansprüche an die Nährstoffversorgung und an die Luftfeuchte. In einer gemischten Gewächshauskultur können sie daher mit Tomaten, Paprikas und Auberginen angebaut werden. Schwammgurken und Bittergurken sind den Gurken sehr ähnlich. Wer hier experimentieren will, baut die Gurkenexoten mit den Gewächshausgurken zusammen an.

- **Kapstachelbeeren** *(Physalis peruviana,* Nachtschattengewächs) sind Verwandte der Tomate. In einem temperierten Gewächshaus, in dem die Temperatur im Winter nicht unter 10 °C sinkt, können sie mehrjährig gehalten werden. In ihren Ansprüchen ähnelt die Kapstachelbeere der Tomate. Im Frühjahr wird eine leichte Startdüngung gegeben.
- **Okraschoten** *(Abelmoschus esculentus,* Malvengewächs) werden ebenfalls ähnlich wie die Gewächshaustomaten angebaut. Sie sollten in einem Abstand von 80 cm × 50 cm stehen. Zwischen der Blüte und der Ernte vergehen nur wenige Tage.
- **Schwammgurken** *(Luffa cylindrica,* Kürbisgewächs) und **Bittergurken** *(Momordica charantia,* Kürbisgewächs) werden wie Gewächshausgurken behandelt, kommen aber ohne Schnitt aus. Junge Früchte werden als Gemüse geerntet. Reife Früchte von Schwammgurken dienen als Dekomaterial oder für Luffaschwämme.

Blumige Freundschaften

Cliquenbildung in der Staudenrabatte

Freund- und Feindschaften sind nicht nur im Gemüse- oder Kräutergarten bekannt. Auch Blumen bilden Cliquen. Leider ist die Familienplanung bei Sommerblumen, Stauden und Gehölzen nicht ganz so einfach wie bei Gemüse und Kräutern. Während dort die Familienbande noch relativ überschaubar sind, kommen die Zierpflanzen aus vielen verschiedenen Familien. Bei der Bestimmung helfen Natur- und Gartenführer.

Ähnlich wie im Gemüsegarten funktioniert die Mischkultur auch im Ziergarten. Die passenden Rabattpartner werden nach ihren Vorlieben in Hinsicht auf Licht- und Nährstoffbedarf zusammengestellt. Hinzu kommen noch die Wuchshöhen der Pflanzen und die Farben von Blättern und Blüten, die gemeinsam ein harmonisches Ganzes ergeben. Leider ist nur wenig über ausdrückliche Blumenfeindschaften im Garten bekannt. Hier helfen die eigene Beobachtungsgabe und Gartenbücher, in denen passende Rabattenpartner vorgestellt werden.

Nährstoffhunger

Stauden und Sommerblumen können wie die verschiedenen Gemüsearten nach ihrem Nährstoffbedarf eingeteilt werden. Auch hier gibt es Stark-, Mittelstark- und Schwachzehrer.

- **Starkzehrer** sind Prachtstauden, wie Rittersporn und Sonnenhut, Eisenhut, Astern, Hebe und viele ein- und zweijährige Sommerblumen.
- **Mittelstarkzehrer** sind zum Beispiel Chrysanthemen, Flockenblumen, Mädchenauge, Phlox und Pfingstrosen.
- **Schwachzehrer** sind zum Beispiel Schafgarbe, Frauenmantel, Akelei, Astilben, Bergenien, Glockenblumen, Christrosen, Funkien, Prachtscharten und Lupinen.

Goldrute und Sonnenhut
halten die einzelnen
Rittersporne auf Abstand

Familienzwist

Rittersporn *(Delphinium)* möchte etwa einen Meter Abstand zu anderen Ritterspornen haben. Setzen Sie am besten hohe Stauden wie Raublatt-Astern *(Aster novae-angliae)*, Sonnenbraut *(Helenium)*, Goldrute *(Solidago)*, Stauden-Sonnenblumen *(Helianthus)* und Sonnenhut *(Rudbeckia maxima, Rudbeckia nitida)* zwischen die einzelnen Rittersporne. Auch der Stauden-Phlox *(Phlox paniculata)* versteht sich nur mit höchstens zwei weiteren aus seiner Sippschaft. Pflanzen Sie nicht mehr als drei Phloxe in eine Gruppe, sonst droht Kümmerwuchs. Hier liegt das aber nicht an einer Selbstunverträglichkeit wie beim Rittersporn, sondern an einer Anhäufung von Krankheitserregern wie Mehltaupilzen und Nematoden.

Konservative im Staudenbeet

Einige Stauden sind überhaupt nicht wanderfreudig, sie bleiben gern jahrzehntelang an Ort und Stelle. Taglilien *(Hemerocallis)*, Pfingstrosen *(Paeonia)*, Silberkerzen *(Cimicifuga)* und Farne vertragen es einfach nicht, wenn sie verpflanzt werden. Silberkerzen und Farne sind ein gutes Team im Schatten und Halbschatten. Auch Lilien wachsen gern recht lange am selben Ort, aber nicht ohne ihr Fußvolk aus schattenspendenden Bodendeckern. Diese dürfen aber keinen zu starken Wurzelfilz ausbilden. Geeignet sind zum Beispiel Immergrün *(Vinca)*, Kriechender Günsel *(Ajuga)*, niedrige Edelraute *(Artemisia)*, Kapuzinerkresse und Knoblauch. Letzterer soll die Lilien vor Grauschimmel und anderen Erkrankungen schützen.

Freundschaften im Blumengarten

Rittersporn & Bart-Iris

Stehen hohe Bart-Iris *(Iris-Barbata-Elatior-*Hybriden) neben Rittersporn, bleiben die Iris frei von Blattflecken und treiben besonders kräftige Rhizome. Dieser positive Einfluss, den der Rittersporn auf seine Nachbarinnen hat, liegt wahrscheinlich in den Wurzelausscheidungen des Rittersporns begründet.

Ringelblumen, Tagetes & Sonnenhut

Die drei sonnigen Gemüter Ringelblumen, Tagetes und Sonnenhut vertragen sich mit fast allen anderen Sommerblumen und Stauden in ihrer Umgebung. Besonders profitieren die nematodengeplagten Stauden Phlox und Chrysantheme von diesen Nachbarinnen, denn Tagetes & Co. lassen Wandernde Wurzelnematoden verschwinden. Aber Vorsicht: Setzen Sie Tagetes nicht in die Nähe von schneckengefährdeten Stauden wie Dahlien!

Rosen und ihre duftenden Begleiter

Stehen neben den Rosen stark duftende Kräuter, werden die Rosen seltener von Blattläusen befallen. Die gängigen Begleiter sind Lavendel, Ysop, Salbei und Thymian. Doch werden diese Kräuter durch den Rosenstandort benachteiligt. Sie brauchen magere, trockene Böden in voller Sonne. Rosen stehen dagegen gern in einem humosen, frischen Boden auf sonnigen bis absonnigen Standorten. Lavendel & Co. können auf so reichhaltigen Böden nicht optimal wachsen und die ätherischen Öle, ihr größter Trumpf in der Vertreibung der Blattläuse, werden nicht ausreichend gebildet. Versuchen Sie es lieber mit Kräutern, die mit den Rosen mithalten können. Einen frischen, humosen Boden vertragen zum Beispiel Minzen, Weinraute, Baldrian und Borretsch. Am sonnigen Beetrand sorgt das Basilikum dafür, dass die Blattläuse »verduften«.

Kaiserkronen gegen Wühlmäuse?
Kaiserkronen *(Fritillaria imperialis)*, Kreuzblättriger Wolfsmilch *(Euphorbia lathyris)* und anderen Wolfsmilchgewächsen, Narzissen, Knoblauch und der Freilandgloxinie *(Incarvillea delavayi)* wird nachgesagt, dass sie Wühlmäuse vertreiben. Doch funktioniert das nicht so, wie sich das mancher von Wühlmäusen geplagte Gärtner vorstellt. Um diese Pflanzen machen die Wühlmäuse zwar einen Bogen, aber nicht des Geruchs wegen, sondern weil die Pflanzen nicht auf dem Speisezettel der Tiere stehen. Kaiserkronen und Co. eignen sich darum nicht zur Abwehr oder Vertreibung. Wer die Wühlmäuse loswerden möchte, sollte nützliche Säugetiere wie Marder und Greifvögel (mit Sitzstangen) fördern.

> **Japanische Käfer lieben Rosen**
> Die Zusammenhänge in der Natur sind sehr komplex. Mischkulturpartner können bestimmte Schädlinge abwehren, aber für andere Tiere auch besonders verlockend sein. Das fanden Wissenschaftler der University of Kentucky heraus. Eine Mischkultur von Rosen mit Weinraute, Pelargonien und Schnittlauch ergab, dass Blattlaus & Co. zwar ferngehalten werden, der schädliche Japanische Käfer aber gerade von den Pelargonien angezogen und der Befall der Rosen dadurch sogar noch verstärkt wurde. In einem weiteren Versuch hängten die Forscher Säckchen mit stark duftenden Kräutern und Gewürzen in die Rosensträucher. Hier zeigte sich ebenfalls, dass die Käfer sich davon nicht beeindrucken ließen. Fenchelsamen, Wacholder, Chili und die Frucht des Osagedorns *(Maclura pomifera)* lockten die Käfer geradezu an, sodass hier doppelt so viele Käfer als bei den Kontrollpflanzen gezählt wurden. Der Japanische Käfer wurde 1917 aus Japan nach Nordamerika eingeschleppt. Dort entwickelte er sich schnell zu einem gefährlichen Schädling an Bäumen und Ziersträuchern. Zum Glück wurde der Käfer in Europa bisher nicht gesichtet.

Altes Wissen aus Klostergärten

Vor einigen Jahrhunderten war es gar nicht so ungewöhnlich, Blumen, Gemüse und Kräuter gemeinsam in ein Beet zu setzen. Die strikte Trennung zwischen Küchen- und Ziergarten, wie wir sie aus unseren heutigen Gärten kennen, war damals unbekannt. Viele unserer heutigen zierenden Gartenbewohner wie Rose, Madonnenlilie, Eibisch und Malve waren früher als Heilpflanzen in Gebrauch. Aus den Klostergärten des Mittelalters sind einige Beetfreundschaften überliefert, die wahrscheinlich noch sehr viel älter sind. So galten Knoblauch, Fenchel, Mutterkraut, Ringelblumen und Bohnenkraut allgemein als gute Partner. Die Kombination aus Iris und Sellerie wurde zum Beispiel von der Äbtissin Hildegard von Bingen (1098 – 1179) empfohlen. In anderen Klostergärten machte man gute Erfahrungen mit den Paarungen Weinraute & Akelei, Basilikum & Duftveilchen, Bechermalven & Salate und den Kombinationen von Kapuzinerkresse mit Kartoffeln, Tomaten, Radieschen oder Rettichen und Jungfer im Grünen mit Rosen, Kohl oder Salaten.

Ungünstige Blumennachbarn
- **Gladiolen:** Stehen sie neben Erbsen, Bohnen, Kartoffeln, Erdbeeren oder unter Apfelbäumen, hemmen Gladiolen das Wachstum ihrer Nachbarn. Wahrscheinlich scheiden sie für andere Pflanzen giftige Stoffe über ihre Wurzeln aus. Und vermutlich stehlen sie ihren Nachbarn auch die Nährstoffe.
- **Fuchsschwanz:** Er steht im Verdacht, Nematoden anzulocken. Setzen Sie den Fuchsschwanz oder Amarant daher nicht zu nematodenanfälligen Stauden wie Phlox oder Chrysantheme.

Blumige Freundschaften

Fingerhut unter dem Apfelbaum sorgt für reiche Ernte

Günstige Blumennachbarn
- **Fingerhut:** Neben Kartoffeln, Tomaten und unter Apfelbäume gepflanzt, sorgt er für gesundes, kräftiges Wachstum und eine reiche Ernte. Achtung: Fingerhut ist giftig!
- **Sonnenblumen:** Niedrige Sorten der Sonnenblumen sind gute Schattenspender für Gurken & Co., nehmen ihnen aber nicht die Nährstoffe weg, wie es die großen Sorten tun.
- **Dahlien** vertragen sich mit Petersilie, Schnittlauch und Möhren.

Jetzt sind Sie dran: eigene Mischungen

Goldene Regeln zum Selbstmischen

Haben Sie nun Lust bekommen, eigene Beetkreationen auszuprobieren? Bevor es richtig losgehen kann, heißt es, die Wünsche, Eigenschaften und Bedürfnisse der zukünftigen Beetpartner in Erfahrung zu bringen. Welche Gemeinsamkeiten sollten sie haben, und wo sollten sie sich besser ergänzen, damit keine unnötige Konkurrenz aufkommt? Die Übersichten in diesem Buch liefern viele Hinweise auf Familienzugehörigkeiten, Nährstoffbedürfnisse und Anbaupausen. Neue und alte Gemüse- und Kräuterarten, die in den Übersichten nicht aufgeführt sind, können in Gartenbüchern, Gartenkatalogen oder im Internet recherchiert werden.

Gut geplant ist halb gewonnen

Damit Gemüsebeete nicht für längere Zeit brachliegen, sollten Vor-, Zwischen-, Haupt- und Nachkulturen so eingeplant werden, dass die Beete ganzjährig bepflanzt sind. Dabei orientiert sich alles nach der Standzeit der Hauptkultur (siehe ab Seite 35). Folgende Fragen sind zu beantworten: Wann müssen die Vor- oder Zwischenkulturen Platz machen? Welche Nachkulturen bieten sich an und können spät im Jahr noch gesät werden? Anfangs wird es schwerfallen, alles zeitlich genau zu planen. Doch das ist nicht so schlimm: Vor- und Zwischenkulturen können vorzeitig geerntet und Feldsalat, Winterportulak und viele Gründüngungspflanzen können bis Ende September oder Anfang Oktober gesät werden.

> **Tipp** *Nach früh räumenden Kulturen können bis Ende Juli noch Winterkulturen wie Rosenkohl, Grünkohl und Winterporree gepflanzt werden. Diese werden im Frühbeetkasten oder einem Extrabeet vorgezogen. Spät räumenden Kulturen wie Tomaten folgt am besten Feldsalat oder eine Gründüngung.*

Pflanzabstände einhalten

Oft werden die verschiedenen Gemüsearten zu dicht gepflanzt. Doch je dichter die Pflanzen nebeneinanderstehen, desto größer ist die Konkurrenz um Licht, Wasser und Nährstoffe. Die Triebe werden weich, dünn und krankheitsanfällig. Geben Sie den jeweiligen Partnern immer genügend Platz zum Ausdehnen und denken Sie an deren spätere Größe (siehe auch Seite 32). Zwischen langsam wachsenden Hauptkulturen wie Kohl können schnell wachsende Arten wie Salate gesät werden. Bis zur Salaternte ist der Kohl kräftig genug und kann die Reihen allein ausfüllen.

Ernten Sie Zwischenkulturen, sobald die Hauptkulturen beginnen, die Reihen zu schließen. Scheuen Sie nicht davor zurück, auch »unreife« Salatpflanzen oder Kohlrabi zu ernten. Sie stehen den »Großen« nur im Weg!

Familienbande berücksichtigen

Achten Sie auf die Verwandtschaft! Vermeiden Sie es, zu viele Mitglieder einer Familie neben- oder nacheinander anzubauen. Wollen Sie mit einer Gemüseart kombinieren, die noch wenig bekannt ist, gehen Sie erst einmal davon aus, dass sie sich ähnlich verhält wie Gemüsearten derselben Familie. Halten Sie auch die vorgeschlagenen Anbaupausen ein! Damit ersparen Sie sich jede Menge Ärger mit Krankheiten und Schädlingen.

Im Allgemeinen sollten Mitglieder einer Familie nur alle drei Jahre auf dasselbe Beet gepflanzt werden. Ausnahmen sind die Kreuzblüten-, Doldenblüten- und Gänsefußgewächse, die längere Anbaupausen brauchen (siehe Seite 15).

Nährstoffhunger beachten

Mittelstarkzehrer können sowohl mit Stark- als auch mit Schwachzehrern kombiniert werden, da sie in ihrem Nährstoffbedarf zwischen beiden liegen. Auf die Starkzehrer folgen im kommenden Jahr die Mittelstarkzehrer, denen wiederum die Schwachzehrer nachfolgen. Nach diesem Turnus sind die Nährstoffe im Beet verbraucht. Das Beet kann mit organischem Dünger wieder für die Starkzehrer vorbereitet werden.

 Sie können nach dem Schwachzehrerjahr ein Jahr mit einer Gründüngung einplanen. Der Boden kann sich in dieser Zeit erholen.

Die passen zusammen

Bei der Auswahl der passenden Beetpartner spielt nicht nur der Gesundheitsaspekt eine Rolle: Wie können sich Partner außerdem ergänzen? Schmale, hohe Gemüsearten wie der Porree passen gut zu niedrigen, zum Teil ausladenden Gemüsearten wie dem Salat. Flachwurzler (zum Beispiel Erbsen, Gurken und Kohlrabi) finden eine gute Ergänzung in tiefwurzelnden Gemüsearten (zum Beispiel Bohnen, Tomaten und Möhren).

Überlassen Sie den Pflanzenschutz nicht allein den gesundheitsbringenden Nachbarn! Achten Sie bei der Sortenwahl auf tolerante oder resistente Sorten. Gemüseschutznetze verhindern den Zuflug unerwünschter Schädlinge oft deutlich besser als der Beetpartner.

Gartentipps
- Düngen Sie bedarfsgerecht! Nährstoffmangel und -überschuss machen Pflanzen krank.
- Gießen Sie mit Maß! Am besten morgens, an heißen Sommertagen auch abends. Gießen Sie durchdringend, direkt an die Pflanzen, aber nicht über die Blätter.
- Entfernen Sie kranke und abgestorbene Pflanzen.

Übung macht den Meister

Nicht alles kann sofort klappen. Wie bei allen anderen Dingen gilt auch bei der Mischkultur: üben, üben, üben. Tragen Sie Erfolge und Misserfolge (wie Krankheiten, Schädlingsbefall, Ernteausfälle), aber auch Beetplanungen, Sä-, Pflanz- und Erntetermine in ein Gartentagebuch ein. So entgeht Ihnen nichts und Sie können im Winter anhand Ihrer Aufzeichnungen die nächste Mischkultursaison planen. Beginnen Sie mit einfachen Kombinationen und ersetzen Sie nach und nach die möglichen Partner. So lernen Sie nicht nur die Gemüsearten besser kennen, sondern auch die Einflüsse von Boden und Klima.

Machen Sie Kreuze

In einer sogenannten Kreuztabelle können Sie günstige und ungünstige Kombinationsmöglichkeiten niederschreiben. Auf einen Blick können so einsame Gemüsepartner vermittelt werden.

	Kohlrabi	Möhren	Porree	Radieschen	Salat	Tomaten	Zwiebeln
Kohlrabi	✕						
Möhren		✕				▒	
Porree			✕				
Radieschen				✕	▒		
Salat					✕		
Tomaten	▒				▒		
Zwiebeln		✕				✕	

In der linken Spalte einer Kreuztabelle stehen die verschiedenen Gemüsearten in alphabetischer Reihenfolge untereinander. Das sind die Ausgangspartner. Hier wird die Kultur ausgewählt, für die ein Partner gesucht wird. In der obersten Zeile stehen diese Gemüsearten in genau derselben Reihenfolge nebeneinander. Das sind die potenziellen Partner. Würde man in alle Verbindungskästchen derselben Arten ein Kreuz machen, erhält man eine Diagonale, die von links oben nach rechts unten verläuft. Günstige Partnerschaften werden in dem entsprechenden Kästchen mit einer grünen Farbe markiert (in der Abbilung graue Füllung), ungünstige Partnerschaften mit einem roten Kreuz (in der Abbildung Kreuz). Sind Sie sich über die Partnerschaft noch unsicher, können Sie ein Fragezeichen setzen oder – so wie ich – das Kästchen je zur Hälfte rot und grün ausfüllen. Kombinationen ohne Erfahrungen bleiben erst einmal leer. Umfangreiche Kreuztabellen werden am besten mit einem Datenverarbeitungsprogramm am Computer (zum Beispiel MS Excel) angelegt. Kleinere Tabellen können auch auf einem karierten Papier gezeichnet werden.

Nicht alle Partnerschaften sind reziprok, d. h. in beide Richtungen möglich. Ein gutes Beispiel dafür ist die Kombination von Zwiebel und Möhre. Möhren finden in den Zwiebeln im Allgemeinen gute Partner. Die Kombination »Möhre mit Zwiebel« bekommt Grün in der Kreuztabelle. Zwiebeln gedeihen in der Nachbarschaft von Möhren jedoch nicht optimal, weshalb die Kombination »Zwiebel mit Möhre« eher ein rotes Kreuz verdient.

Allelopathie bis zur Gegenwart

Für gute oder schlechte Partnerschaften im Beet werden häufig Wurzelausscheidungen verantwortlich gemacht (siehe auch Seite 42). Das sich Pflanzen gegenseitig in ihrem Wachstum fördern oder hemmen, ist schon seit Jahrhunderten, wenn nicht seit Jahrtausenden bekannt. Diese gegenseitige Beeinflussung von Pflanzen durch ihre Stoffwechselprodukte, die entweder in gasförmiger oder in gelöster Form ausgeschieden werden, wird **Allelopathie** genannt. Hier wird kein Unterschied zwischen guten und schlechten Stoffen gemacht. Die Produktion und Freisetzung allelopathischer Substanzen ist vom Alter und vom jeweiligen Pflanzenorgan (Blatt, Spross, Wurzel, Samen) abhängig. Die Substanzen können durch Abspülung, Verdunstung, Abbau von Pflanzengewebe oder Wurzelausscheidungen in die Umwelt gelangen. Da die Zusammenhänge sehr komplex sind, ist die Forschung auf diesem Gebiet auch sehr schwierig.

Plinius und die Walnuss

Das Phänomen der Wechselwirkungen zwischen Pflanzen wurde schon in der Literatur der griechischen und römischen Antike beschrieben, nur konnte man es damals nicht genau einordnen. Die bislang älteste bekannte Quelle für eine vermutete Unverträglichkeit von Wein und einem Kreuzblütengewächs (wahrscheinlich ein Kohlverwandter) geht auf den griechischen Philosophen und Naturforscher Theophrast (371 – 278 v. Chr.) zurück. Plinius der Ältere (23 – 79) beschrieb in seiner »Historia naturalis« bereits die Unverträglichkeit der Walnuss mit anderen Pflanzen, meinte aber auch, dass sich die Nähe der Walnuss negativ auf Mensch und Tier auswirke. Er war sich schon darüber bewusst, dass Pflanzen Stoffe in den Boden abgeben können. Im ersten Jahrhundert nach Christus waren Kichererbsen, Gerste, Bockshornklee und Linsen-Wicke dafür berüchtigt, den Boden »auszurauben«. In der Antike gehörten Leguminosen und Gerste zu den wichtigsten Ackerkulturen, die wahrscheinlich auch mehrere Jahre hintereinander auf demselben Feld angebaut wurden.

Heute wissen wir, dass einige Leguminosen (zum Beispiel die Kichererbsen) den Boden mit ihren Wurzelausscheidungen für andere Leguminosen untauglich machen (siehe auch Seite 42). Von Gerste und anderen Getreidearten ist bekannt, dass sich bei einer engen Fruchtfolge Schaderreger und Schädlinge (unter anderem Nematoden) im Boden anreichern können.

Mittelalter und Renaissance

Die Gelehrten des Mittelalters wie Albertus Magnus (1193 – 1280) kopierten die antiken Werke, fügten aber nichts Neues hinzu. Neue Erkenntnisse gewannen erst um 1600 die englischen Naturforscher. Sie bemerkten, dass einige Pflanzenarten in der Gegenwart anderer nicht gut gediehen. Auch ein deutscher Gelehrter machte sich Gedanken um die Beziehungen zwischen den Pflanzen: Peter Lauremberg (1585 – 1639). Er konnte 1631 in einem Experiment beweisen, dass es keine negative Beeinflussung von Kopfkohl und Wirsing auf den Wein gibt. Das wurde seit dem Mittelalter bezugnehmend auf Theophrast behauptet. Wahrscheinlich wurde hier ein griechisches Wort falsch übersetzt. Noch Plinius nannte nur ein Kreuzblütengewächs als unverträglichen Partner und nicht explizit den Kohl. Bis heute ist nicht bekannt, um welches Gewächs es sich dabei handeln könnte. Die heute gängigen botanischen Pflanzennamen wurden erst 1735 von Carl von Linné (1707 – 1778) eingeführt.

Bodenmüdigkeit und Anbaupausen

Um 1800 brachte man Ertragsrückgänge mit dem einseitigen Anbau landwirtschaftlicher Kulturen (Monokultur) in Zusammenhang. Man stellte fest, dass die Erträge sanken, wenn dieselben Pflanzenarten mehrere Jahre hintereinander auf demselben Beet angebaut wurden. Der Engländer George Towers sprach 1830 erstmals von »Bodenmüdigkeit« und empfahl Anbaupausen. Der schweizerische Naturwissenschaftler Augustin-Pyrame de Candolle (1778 – 1841) brachte die Unverträglichkeiten zwischen Pflanzen derselben Art und auch anderen Arten mit den Wurzelausscheidungen in Verbindung.

Das Kind bekommt einen Namen

Zu Beginn des zwanzigsten Jahrhunderts änderten sich die Möglichkeiten, chemische Verbindungen zu extrahieren, und die Allelopathie fand Eingang in die Forschung. 1937 gab Hans Molisch (1856 – 1937) dem Phänomen einen Namen: Allelopathie. Und doch wird sie seitdem von ihren Kritikern wie ein ungeliebtes Kind behandelt. Wissenschaftler im Bereich Allelopathie beschäftigen sich interdisziplinär mit der Erforschung allelopathischer Effekte zwischen Pflanzen. Dabei stehen weniger die Gemüsekulturen (außer Kohl), sondern landwirtschaftliche Kulturen und Pflanzengemeinschaften im Vordergrund.

Mit der »Kristallkugel« in den Garten
Dr. Ehrenfried Pfeiffer (1899 – 1961) stand den Anthroposophen um Rudolf Steiner (1861 – 1925) nahe. Zwischen 1927 und 1938 entwickelte er die Kupferchloridkristallisationsmethode, einen Test, mit dem er Freundschaften und Feindschaften in der Pflanzenwelt untersuchen wollte. Dazu wird eine Lösung aus Pflanzensaft und Kupferchlorid erhitzt. Nach langsamem Verdampfen dieser Lösung entsteht ein kristallines Fraktalmuster, ähnlich einer Eisblume, das für jede Pflanzenart charakteristisch ist. Die Muster, die bei der Mischung der Säfte zweier Pflanzen entstehen, werden eingehend studiert und interpretiert.

Was fand Dr. Pfeiffer nun heraus? Gurken und Bohnen ergaben ein harmonisches Muster, wobei die Gurke ein wenig dominierte, da sie von den Bohnen unterstützt wurde. Kohlrabi und Tomaten formten ein unharmonisches Kristallmuster, was so interpretiert wurde, dass sie sich nicht mögen. Ob dieser Test einander freundlich gesinnte Pflanzen erkennen kann, zweifeln Wissenschaftler bis heute an. Wer Interesse an diesem Thema hat, kann bei Louise Riotte mehr darüber lesen (siehe Literaturliste Seite 158).

Was sagt die Wissenschaft?

Wenn man sich so intensiv mit der Mischkultur beschäftigt hat wie ich, möchte man irgendwann auch wissen, ob es für einzelne Beetpartnerschaften auch wissenschaftliche Beweise gibt. Also habe ich recherchiert und bin dabei auf viele spannende wissenschaftliche Untersuchungen gestoßen, von denen einige bereits in den vorherigen Kapiteln eingestreut sind. Dabei waren es weniger Forschungen zur Mischkultur als solche, sondern zu einzelnen Aspekten. Denn sucht man beispielsweise mit einer Suchmaschine im Internet den Begriff »Mischkultur«, erhält man nur verschiedene (oder identische) Tabellen mit Mischkulturpartnern. Mit dem englischen Wort für Mischkultur »Companion Planting« als Suchbegriff werden schon einige wissenschaftliche Untersuchungen ausgespuckt. Darunter viele Einzelaspekte der Mischkultur: Allelopathie, Konkurrenz und Pflanzenschutz. Hier konnte ich aber auch eine Arbeit finden, in der sich der Autor mit den Effekten einer Mischkultur von Tomaten, Rosenkohl und Basilikum beschäftigt hat (siehe Literaturliste Seite 158).

Der Feind meines Feindes ist mein Freund

In den vergangenen Jahren war in Wissenschaftszeitschriften, egal ob Fachblatt oder populäres Magazin, immer wieder von der Kommunikation der Pflanzen untereinander zu lesen. Was jahrelang nur vermutet wurde, kristallisiert sich langsam als beweisbare Tatsache heraus. Pflanzen können miteinander sprechen, nur tun sie das nicht mit Zunge und Stimmbändern, sondern mithilfe flüchtiger Substanzen. Sie bedienen sich eines ganz eigenen Vokabulars. Es besteht aus giftigen Substanzen oder mitteilsamen Duftstoffen. Mit einem ausgesuchten Arsenal an Wirkstoffen können sie sich beispielsweise gegen Schädlinge zur Wehr zu setzen.

Zu diesen Substanzen zählen unter anderem das Nikotin des Tabaks und die Glucosinolate der Kohlgewächse. Alle auf die Kohlgewächse spezialisierten Schädlinge können den Glucosinolatduft, mit dem andere Insekten abgeschreckt werden sollen, erschnuppern.

Ihnen macht die Substanz, die anderen Insekten »Magendrücken« verursacht, nichts aus.

In den 1990er Jahren fanden Wissenschaftler heraus, dass Pflanzen, die von pflanzenschädlichen Insekten angeknabbert werden, gezielt Duftstoffe aussenden, die nicht nur die Feinde der Insekten anlocken, sondern auch benachbarte Pflanzen warnen. Leider sind unsere heutigen Kultursorten nur noch selten in der Lage, sich ihrer Feinde zu erwehren. So sendet zum Beispiel die wilde Baumwolle bis zu zehnmal mehr Duftstoffe aus als ihre kultivierten Verwandten.

Der Tabak und sein Tabakschwärmer

Der Wilde Tabak *(Nicotiana attenuata)* gehört zu den gesprächigsten Untersuchungsobjekten am Max-Planck-Institut (MPI) für chemische Ökologie in Jena. Er erwehrt sich mithilfe eines der stärksten Pflanzengifte, das es gibt, seiner gefräßigen Feinde: des Nikotins. Doch ist die Pflanze nicht die ganze Zeit giftig, das würde viel zu viel Energie kosten. Nein, der Tabak produziert in dem Moment Nikotin, in dem ein Angriff stattfindet. Damit schlägt er fast alle Angreifer in die Flucht. Alle, bis auf die Raupe des Tabakschwärmers, die in der Lage ist, das giftige Nikotin in ihrem Körper anzureichern (und damit ihre eigenen Feinde abzuwehren). Erstaunlich ist aber auch, dass die Pflanzen die unempfindlichen Tabakschwärmerraupen erkennen und die Giftproduktion drosseln. Stattdessen produzieren sie Proteinase-Inhibitoren, welche die Verdauung und damit auch das Wachstum der Raupe stören. Gleichzeitig rufen sie die Feinde der Raupe, die mit den geschwächten Tieren dann leichtes Spiel haben.

Die Hilferufe der Limabohne

Die aus Amerika stammende Limabohne *(Phaseolus lunatus)* ruft auf zwei Wegen nach Hilfe, wenn sie von Spinnmilben attackiert wird. Zum einen sendet sie Duftstoffe aus, die die Feinde der Spinnmilben rufen, zum anderen sondert sie an ihren Blattstielen einen Nektar ab, der vor allem Ameisen anlockt. Beide machen kurzen Prozess mit den Angreifern. Aber Angreifer ist nicht gleich Angreifer, wie die Forscher des MPI für chemische Ökologie festgestellt haben. Je nachdem, ob es sich um Spinnmilben oder Schmetterlingsraupen handelt, wird ein anderes Duftstoffbouquet ausgesandt. Das Verblüffende an den Duftstoffen ist, dass andere Pflanzen und Insekten in der Lage sind, sie zu verstehen. So sind aus dem Bouquet die Art des Angreifers, also ob Spinnmilbe oder Raupe, und deren Anzahl »herauszulesen«. Benachbarte Limabohnen erhöhen daraufhin die Produktion von Nektar, ohne dass sie vorher angegriffen wurden.

Wie erkennen Insekten ihre Wirtspflanzen?

Das Verhalten von Insekten und Nematoden (Fadenwürmern) ist besonders gut wissenschaftlich untersucht. Hier übernehmen vor allem die erwachsenen und damit auch meist beweglichsten Tiere die aktive Suche nach den Wirtspflanzen. Auch weniger bewegliche Entwicklungsstadien wie Insekten- und Nematodenlarven sind in der Lage, aktiv Wirtspflanzen zu suchen, das allerdings auf eine sehr viel geringere Distanz.

Nahrungsaufnahme und Eiablage benötigen meist verschiedene Schlüsselreize. Das können zum Beispiel Blüten- und Blattfarben sein. Doch das Vorhandensein eines Reizes allein reicht nicht aus. Insekten müssen auch in der richtigen Stimmung sein. Bei weiblichen Kohlweißlingen gibt es unterschiedliche Schlüsselreize für Nahrung und Eiablage. Während der Nahrungssuche »fliegen« sie auf gelbe und blaue Blütenfarben. Suchen sie dagegen einen Eiablageplatz, werden sie eher vom Grün der Blätter angelockt. Die Weibchen der Kohlfliegen suchen erst dann aktiv Kohlpflanzen auf, wenn sie ihre Eier ablegen wollen, vorher sind sie am Kohl überhaupt nicht interessiert. Wird der richtige Schlüsselreiz wahrgenommen, folgt eine Kette von Verhaltensweisen, die wiederum von eigenen Schlüsselreizen abhängig sind. Fehlt einer der Reize, wird die Suche nach einem Nahrungs- oder Eiablageort abgebrochen und die Suche beginnt von vorn.

Neben attraktiven Schlüsselreizen gibt es auch Reize, die abweisend wirken. Geht der abweisende Reiz (repellent) von flüchtigen Substanzen wie dem Duft einer Pflanze aus, können auch für den Schädling attraktive Nachbarpflanzen geschützt werden. So soll der Duft von Tomatenpflanzen abweisend auf den Kohlweißling wirken und den Befall an Kohlpflanzen vermindern. Solche Mechanismen sind jedoch noch nicht ausreichend untersucht, um eindeutige Aussagen zu erlauben.

Eine Vorliebe für Gelb

Viele Insekten können im begrenzten Maße Farben sehen. Diese Fähigkeit nutzen sie für die Fernorientierung. Pflanzenfressende oder -saugende Insekten scheinen Vorlieben für Gelb und Grün zu haben. Dabei wird die Attraktivität des Blattgrüns noch von dem Gelb der Blüten übertroffen. Unklar ist, ob Insekten Gelb und Grün überhaupt unterscheiden können. Wahrscheinlich wirkt das Gelb attraktiver, weil es eine größere Farbintensität besitzt. Die Vorliebe für Gelb können Sie auch selbst nutzen, indem Sie beleimte Gelbtafeln zur Kontrolle von Blattläusen und Weißen Fliegen aufhängen. Doch Achtung! Auch Nützlinge benutzen die gelbe Blütenfarbe zur Orientierung.

Die vielen Gesichter der Studentenblume

Viele Schmetterlinge »fliegen« auf gelbe Blüten. Schmetterlinge und bienenähnliche Insekten landen daher häufig auf den Blüten der Studentenblume *(Tagetes patula)*. Gleichzeitig werden aber auch viele Insekten wie die Weiße Fliege und die Möhrenfliege vom Duft der *Tagetes*-Arten abgeschreckt. Ein Experiment estnischer Wissenschaftler (siehe auch Seite 148) zeigte, dass Kohlweißlingsweibchen während der Futtersuche nach Nektar und Pollen von den gelben Studentenblumenblüten angezogen werden. Während der Eiablagephase lassen sie sich aber erstaunlicherweise vom Duft der gleichen Blüten abhalten, auf daneben gepflanztem Kohl Eier abzulegen.

Einige Blattlausarten wie die Erbsenblattlaus reagieren dagegen stärker auf Orange oder können sogar verschiedene Grüntöne unterscheiden, die durch Alterungsprozesse oder Düngefehler entstehen. Auch Blautöne wirken auf einige Insekten wie Kohlweißlinge und Thripse sehr anziehend. Rot- und Brauntöne dagegen sind weniger verlockend und werden von Insekten meist gemieden. Das können Sie sich zunutze machen, indem Sie anstelle gelb- oder grünblättriger Salatsorten rot- und braunblättrige Sorten auswählen.

Wie der Kohlweißling den Kohl findet

Kohlweißlinge werden von flüchtigen Substanzen, die unter anderem vom Kopfkohl ausgesandt werden, angelockt. Haben sie die optimale Nahrungsgrundlage für ihre Nachkommenschaft gefunden, legen sie ihre Eier ab. Grundlegend dafür ist das Vorhandensein von Glucosinolaten, typischen Duft- und Geschmacksstoffen der Kohlgewächse. Estnische Forscher konnten feststellen, dass, wenn Weißkohl mit Studentenblumen *(Tagetes patula)* und Bunten Wucherblumen *(Chrysanthemum carinatum, syn. Ismelia carinata)* umpflanzt wurde, weniger Eier auf dem Kohl abgelegt wurden als in Kohlmonokultur. Dabei konnten sie auch beobachten, dass die erwachsenen Schmetterlinge von den gelben Tagetesblüten angezogen wurden und sich von Pollen und Nektar ernährten, während die ebenfalls gelben Blüten der Wucherblumen nicht besucht wurden. Der abschreckende Effekt der Wucherblumen auf die Kohlweißlinge liegt wahrscheinlich in ihrem hohen Gehalt an insektenfeindlichen Substanzen (wie Kamphor, Pyrethrin und Pyrethrum). Eine Umrandung mit Ringelblumen und Zwiebeln wirkte dagegen nicht ablenkend auf die Kohlweißlinge. Ringelblumen helfen zwar gegen Blattläuse, weil sie Schwebfliegen anlocken, die dann ihrerseits ihre Eier in die Blattlauskolonien auf den Kohlpflanzen ablegen. Leider lassen aber Ringelblumen Kohlweißlinge ungehindert passieren und locken sie mit ihren gelben, nektarreichen Blüten wahrscheinlich sogar noch an.

Duft liegt in der Luft

Fluginsekten orientieren sich am Duftgradienten in der Luft. Sie fliegen der höheren Konzentration entgegen und vollführen Wendemanöver, um sich nicht von der Duftquelle zu entfernen.
Solcherlei Duftfahnen können aus einem Gemisch verschiedener Substanzen bestehen. Aber auch einzelne Duftstoffe können Insekten anlocken. Insektenarten, die Kreuzblütengewächse befallen wie die Kohlmotte und der Kohlweißling, werden von einzelnen Glucosinolaten, typischen Substanzen der Kreuzblütengewächse, angelockt. Bestimmte ätherische Öle der Doldenblütengewächse wie Dill und Möhre dienen ebenfalls der Orientierung. Stehen nun verschiedene Pflanzen beieinander, die jede für sich andere Duftstoffe aussendet, entsteht ein Duftgemisch, aus dem der Schädling die richtige Duftfahne erst herausfiltern muss. Das erschwert die Wirtssuche.

Kostprobe

Hat die Fernorientierung über Farben, Formen und Duft geklappt, werden die Pflanzen näher untersucht. Hierbei spielen sowohl die Oberflächenstrukturen (zum Beispiel behaart oder unbehaart) als auch die chemischen Substanzen, die die Pflanzen ausströmen oder in ihren Geweben enthalten, eine große Rolle. Mithilfe sensibler Sinnesorgane, die sich in den Antennen, den Mundwerkzeugen und manchmal auch in den Füßen der Insekten befinden, können die Tiere geeignete Wirtspflanzen identifizieren. Blattläuse führen zum Beispiel verschieden tiefe Probestiche durch, um die Zusammensetzung des Pflanzensaftes zu prüfen. Auch Fraßinsekten nehmen Kostproben. Die Pflanzeninhaltsstoffe können dabei sowohl stimulierend als auch abschreckend wirken. Die Glucosinolate sind für an Kohl angepasste Arten wie den Kohlweißling attraktiv, auf andere Insekten wie die Schwarze Bohnenlaus jedoch, für die Kreuzblütengewächse keine Wirtspflanzen sind, wirken sie abschreckend.

> **Kleine Kohlfliegen lassen sich leicht ablenken**
> Britische Wissenschaftler vom *Horticultural Research International* in Warwick stellten bei Laborversuchen fest, dass die Kleine Kohlfliege auf der Nichtwirtspflanze Erdklee *(Trifolium subterraneum)* scheinbar als »Geisel« gehalten und so bei der Suche nach ihrem eigentlichen Ziel Kopfkohl abgelenkt wird. Die Kohlfliegen hielten sich auf der Nachbarpflanze Erdklee durchschnittlich achteinhalb Minuten lang auf, während sie die Kohlpflanzen schon nach zweieinviertel Minuten verließen. Außerdem konnte festgestellt werden, dass die meisten Kohlfliegen, wenn sie versehentlich auf dem Erdklee gelandet waren, nicht sofort zur benachbarten Kohlpflanze weiterflogen. Die Insekten mussten mit der Suche nach der passenden Pflanze von vorn beginnen.
> Je mehr unterschiedliche Pflanzenarten gemeinsam auf einem Beet stehen, desto eher werden Schädlinge auf der Suche nach ihren Wirtspflanzen abgelenkt.

Mischkultur unter dem Mikroskop

Die Mischkultur wissenschaftlich korrekt zu ergründen, ist nicht einfach. Bei den bisher gelaufenen Untersuchungen kam es häufig vor, dass verschiedene Forscherteams völlig gegensätzliche Ergebnisse mit den gleichen Pflanzen erhielten. Denn viele Versuche sind vom jeweiligen Wetter, dem Saattermin der Haupt- und Begleitkulturen, den Arten und Varietäten der verwendeten Pflanzen, dem Abstand der Kulturen untereinander und dem Vorhandensein der entsprechenden Schädlinge abhängig. Auch das Auftreten der »erwünschten« Schädlinge kann von Jahr zu Jahr schwanken, sodass auch hier die Ergebnisse unterschiedlich ausfallen können.

Immer wieder Kohl

Auffällig ist, dass es bis zum Jahre 2003 mehr als hundertzwanzig Veröffentlichungen zur Beziehung von Kohlarten zu den verschiedensten Insekten gab. Woran liegt das? Warum keine anderen Gemüsearten? Nun, zum einen gehören die verschiedenen Kohlarten zu den wirtschaftlich bedeutendsten Gemüsearten, zum anderen sind sie die Wirte für eine Vielzahl von Schädlingen aus fast allen großen Insektenordnungen: Schmetterlinge (Kohlweißling), Fliegen und Mücken (Kohlfliege, Kohldrehherzmücke), Blattläuse (Mehlige Kohlblattlaus), Schildläuse (Kohlmottenschildlaus) und Käfer (Erdfloh). Von den Untersuchungen an Kohlpflanzen erhoffen sich die Forscher Erkenntnisse, die sie auch auf andere Gemüsearten und auf diese spezialisierte Schädlinge anwenden können.

Konkurrenz belebt das Geschäft

Die meiste Forschungsarbeit auf dem Gebiet der Mischkultur beschäftigt sich mit landwirtschaftlichen Kulturen, die im großen Maßstab angebaut werden, und hier besonders mit dem Ertrag. Untersuchungen auf Gartenniveau gibt es wenige, doch kann man von den großen Anbauflächen meist gut auf die kleinen Flächen schließen.

Der Ertrag hängt stark von der Konkurrenz zwischen Vertretern der eigenen Art (intraspezifische Konkurrenz) und Vertretern verschiedener Arten (interspezifische Konkurrenz) ab. Je näher Pflanzen beieinanderstehen, desto mehr Energie wird in die Wurzelbildung gesteckt. Genauso wie uns positiver Stress dabei hilft, leistungsfähiger zu arbeiten, kann eine positive Konkurrenz Pflanzen dazu bringen, stärker zu wachsen. Schlägt der Stress jedoch ins Negative um, sinkt auch die Bereitschaft, höhere Leistungen zu bringen, und die Erträge sinken. Das ist bei den Pflanzen nicht anders als bei uns Menschen. Ist der Pflanzenabstand zu dicht oder gibt es zu wenig Nährstoffe, Wasser oder Licht, dann reagieren Pflanzen mit Minderwachstum.

Schädlingsbefall

Es gibt bisher über zweihundert Studien, die sich mit dem Verhalten von fast dreihundert pflanzenfressenden Insektenarten in Mono- oder Mischkulturen beschäftigt haben. Dabei wurde herausgefunden, dass etwa die Hälfte der untersuchten Arten Monokulturen viel eher und stärker befallen als Mischkulturen. In etwa einem Drittel der Untersuchungen variierte entweder der Befall oder es konnte kein Unterschied zur Monokultur festgestellt werden. Bei etwa einem Sechstel der untersuchten Arten stieg der Schädlingsbefall in einer Mischkultur sogar an.

Forscher haben außerdem festgestellt, dass pflanzenfressende Insekten mehrmals hintereinander starten und landen, bevor sie ihre Eier ablegen oder zu fressen beginnen. Dadurch steigt in Mischkulturen die Wahrscheinlichkeit, dass sie bei ihrem »Gehüpfe« ihren Wirt aus den Augen verlieren. Darum sollten um eine gefährdete Pflanze so viele grüne Nichtwirtspflanzen wie möglich stehen, während so wenig Konkurrenz wie nötig zwischen den Nachbarpflanzen auftreten sollte (siehe auch Seite 146).

Unkrautbekämpfung

Zwischenkulturen, die räumlich zwischen einer Hauptkultur stehen, können die Unkrautentwicklung unterdrücken. Leguminosen wie Klee oder Sojabohnen, die mit Getreide gemischt werden, unterdrücken mehrjährige Unkräuter entweder durch konkurrenzstarkes Wachstum oder durch allelopathische Hemmstoffe. Einige Kulturen scheiden allelopathische Substanzen aus, die das Unkraut zu unterdrücken scheinen: So wirken zum Beispiel beim Roggen einige organische Säuren und bei den Kreuzblütengewächsen die Abbauprodukte der Glucosinolate hemmend auf das Wachstum von Beikräutern.

Lockt Koriander Schwebfliegen an?

Ein zehn Zentimeter breiter Korianderstreifen, der in einem Versuch neben einer Reihe Kohlpflanzen angelegt wurde, lockte Schwebfliegen an, die dann ihre Eier auf verlausten Kohlpflanzen ablegten. Untersuchungen in Neuseeland und Japan haben ergeben, dass die Schwebfliegen umso eher Eier an die Kohlpflanzen legten, je näher der Streifen an den Kohlpflanzen lag. Doch konnte noch kein eindeutiger Zusammenhang festgestellt werden, denn die Schwebfliegen legten ihre Eier in der Nähe des Kohl-Koriander-Beetes auch an mit Blattläusen besiedelten Kohlpflanzen Koriander ab. Schwebfliegen können also mit pollen- und nektarreichen Blütenpflanzen in die Nähe gefährdeter Pflanzen gelockt werden, doch finden sie offenbar auch ohne sie ihren Weg zu stark von Blattläusen befallenen Pflanzen. Denn was bringt den Schwebfliegen der nektar- und pollenreichste Koriander, wenn es keine Nahrung in Form von Blattläusen für die Nachkommen gibt?

Mischkultur in der Praxis

Einige Forschungsergebnisse werden in die Praxis umgesetzt. So wird zum Beispiel in China der Anbau verschiedener Reisvarietäten und in Indien die Eignung von Indischem Senf als Fangpflanze für Schädlinge auf Praxistauglichkeit getestet.

Lockpflanze Indischer Senf

Kohl *(Brassica oleracea)* und sein naher Verwandter, der Indische Senf oder Amchoi *(Brassica juncea)*, werden von den gleichen Schädlingen befallen. In Indien wurde in einem Versuch der anfälligere Indische Senf zur Schädlingsablenkung zusammen mit dem Kohl gepflanzt. Nach fünfundzwanzig Reihen Kohl kommen zwei Reihen Indischer Senf. Wichtig ist, dass die beiden Reihen Senf zu unterschiedlichen Zeiten gesät werden: die erste Reihe fünfzehn Tage, bevor der Kohl gepflanzt wird, die zweite Reihe fünfundzwanzig Tage, nachdem der Kohl gepflanzt wurde. Der Indische Senf lockte einen Großteil der Schädlinge an, sodass auf dem Kohl ein geringerer Befall festgestellt werden konnte. Die beiden Reihen mit Lockpflanzen konnten dann gezielt mit Pflanzenschutzmitteln behandelt werden. So wird der großflächige Einsatz von Pflanzenschutzmitteln erheblich reduziert. Problematisch ist jedoch die Umsetzung für die Bauern. Das mehrmalige Bestellen des Feldes, zunächst mit der ersten Reihe Indischen Senfs, dann zwei Wochen später das Pflanzen des Kohls und nochmals fünfundzwanzig Tage später das zweite Einsäen des Indischen Senfs, machen die praktische Anwendung kompliziert. Viele Bauern vergaßen bei dem Versuch schlichtweg die zweite Reihe Senf, sodass sich der Erfolg in Grenzen hielt.

Mischkultur in Reisfeldern

Es müssen nicht immer verschiedene Arten zusammen angebaut werden. Ein positiver Effekt kann schon dann erzeugt werden, wenn zwei verschiedene Sorten einer Art zusammengepflanzt werden.

Eine der häufigsten Reiskrankheiten in China ist der Mehltau (»rice blast«). Um Ernteverluste und den Einsatz chemischer Pflanzenschutzmittel zu reduzieren, änderten Bauern und Wissenschaftler in der chinesischen Provinz Yunnan versuchsweise die Anbaumethoden. Anstelle der bisherigen in Monokultur angebauten Reisvarietät kultivierten sie eine Mischkultur von zwei verschiedenen Reisvarietäten. Wenn nur eine einzige anfällige Sorte angebaut wird, können sich die Sporen des Mehltaus ungehindert im gesamten Bestand verteilen. Pflanzt man aber eine zweite, nicht anfällige Sorte in Reihen dazwischen, entsteht eine physische Barriere, welche die Pilzsporen nur schwer überwinden können. In den Versuchen wurde jede Reisvarietät für sich manuell geerntet. Das war relativ einfach, da sich beide Reissorten in ihrer Wuchshöhe unterscheiden.

Hohe Bäume schützen im tropischen und subtropischen Etagenwaldbau halbhohe Bäume und Sträucher wie Papayas vor der prallen Sonne. Diese wiederum schaffen ein wohliges Klima für am Boden wachsende oder rankende Gemüse wie Maniok, Yams und Süßkartoffeln.

Etage für Etage

In den Regenwaldgebieten Südamerikas, Afrikas und Asiens kennen die Menschen eine sehr schonende Art des Anbaus, den Etagenanbau. Das ist eine Waldbewirtschaftung, bei der unter den wildwachsenden Bäumen verschiedene Nutzpflanzen angebaut werden. Hohe Bäume geben den unter ihnen wachsenden Pflanzen Schutz vor der prallen Äquatorsonne. Halbhohe Bäume und Sträucher wie Papayas und Mangos benötigen nicht die volle Sonneneinstrahlung, schützen aber ihrerseits die am Boden wachsenden Pflanzen, zum Beispiel Gemüse wie Süßkartoffeln, Maniok und Yams. Das Gute an diesem System ist, dass jede Pflanze genügend Licht, Nahrung und Wasser erhält. Schädlingsbefall ist durch die Vielfalt der vorhandenen Pflanzen praktisch nicht vorhanden. Und der Boden wird durch die dichte Bepflanzung vor der Sonneneinstrahlung und der Auswaschung während der Regenzeiten bewahrt.

In ökologisch wirtschaftenden Kaffeeplantagen versucht man diesen Effekt nachzuahmen, indem die empfindlichen Kaffeepflanzen unter sogenannten Schattenbäumen Schutz vor Sonne und Wind finden. In den Höhenlagen kann auf diese Weise sogar der erhebliche Unterschied zwischen Tag- und Nachttemperaturen ausgeglichen werden.

Die Autorin

Dr. Natalie Faßmann ist Gartenbauingenieurin und Autorin. Sie arbeitet als Redakteurin bei der Zeitschrift »GartenFlora«, wo sie die Ressorts Gartengestaltung und Pflanzenschutz betreut, und engagiert sich in verschiedenen Urban-Gardening-Projekten. Für dieses Buch kombiniert sie praxisbewährtes Wissen und aktuelle Forschungsergebnisse zu Mischkultur und Allelopathie.
Natalie Faßmann lebt mit ihrer Familie in Berlin.

Im pala-verlag sind von ihr außer diesem Buch die Titel »In die Falle gegangen. Pflanzenschutz mit Gelbtafel, Leimgürtel, Schutznetz & Co.« sowie »Beinwelljauche, Knoblauchtee & Co. Pflanzenauszüge zum Düngen und Stärken« erschienen.

Zum Weiterlesen

Einige der genannten Titel sind derzeit nur antiquarisch erhältlich.
Fragen Sie auch in Bibliotheken und Büchereien danach.

Reihenmischkultur

Franck, Gertrud: Gesunder Garten durch Mischkultur.
Südwest Verlag, München

Langerhorst, Margarete: Meine Mischkulturenpraxis.
OLV Organischer Landbau Verlag, Xanten

Biologisch-dynamische Fruchtfolge und Mischkultur

Thun, Maria: Erfahrungen für den Garten. Kosmos Verlag, Stuttgart
und weitere Werke aus dem Eigenverlag von Maria Thun

Weinrich, Christa: Mischkultur im Hobbygarten.
Verlag Eugen Ulmer, Stuttgart

Gemüsebestimmung

Elke Mattheus-Staack: Taschenatlas Gemüse. Verlag Eugen Ulmer, Stuttgart

Mulchen im Garten

Grünefeld, Dettmer: Das Mulchbuch. pala-verlag, Darmstadt

Kompost im Garten

Pahler, Agnes: Das Kompostbuch. pala-verlag, Darmstadt

Bauerngärten

Steinberger, Bärbel: Mein schöner Bauerngarten. BLV Buchverlag, München

Lebensräume im Garten

Erckenbrecht, Irmela: Die Kräuterspirale. pala-verlag, Darmstadt
Günzel, Wolf Richard: Das Insektenhotel. pala-verlag, Darmstadt
Günzel, Wolf Richard: Lebensräume schaffen. pala-verlag, Darmstadt

Amerikanische Literatur zum Thema »Companion Planting«

Cunningham, Sally Jean: Great Garden Companions: A Companion-Planting System for a Beautiful, Chemical-Free Vegetable Garden.
Rodale PR, Emmaus

Riotte, Louise: Carrots love Tomatoes: Secrets of Companion Planting for Successful Gardening. Storey Publishing, North Adams

Riotte, Louise: Roses love Garlic: Companion Planting and other Secrets of Flowers. Storey Publishing, North Adams

Wissenschaft & Forschung: Mehr zur Sprache der Pflanzen

Max-Planck-Institut für chemische Ökologie in Jena: www.ice.mpg.de

Wissenschaft & Forschung: Tomate, Kohl & Basilikum

Eine interessante Doktorarbeit, die eine häufig in der Mischkultur angewandte Kombination, nämlich Tomaten, Rosenkohl und Basilikum, auf ihre Wirkungen hinsichtlich Ertrag, Schädlingsabwehr und Geschmacksunterschiede untersucht:
Bomford, Michael K.: Yield, Pest Density, and Tomato Flavor Effects of Companion Planting in Garden-Scale Studies Incorporating Tomato, Basil, and Brussels Sprout: http://orgprints.org/6614

Andere Bücher von Natalie Faßmann

Natalie Faßmann:
Beinwelljauche, Knoblauchtee & Co.
ISBN: 978-3-89566-312-3

Natalie Faßmann:
In die Falle gegangen
ISBN: 978-3-89566-288-1

Natalie Faßmann:
Das Kraterbeet
ISBN: 978-3-89566-355-0

Natalie Faßmann:
Das Indianerbeet
ISBN: 978-3-89566-351-2

Gesamtverzeichnis: pala-verlag, Am Molkenbrunnen 4, 64287 Darmstadt
www.pala-verlag.de, E-Mail: info@pala-verlag.de

ISBN: 978-3-89566-257-7
© 2009: pala-verlag,
7. Auflage 2021
Am Molkenbrunnen 4, 64287 Darmstadt
www.pala-verlag.de

Alle Rechte vorbehalten
Illustrationen und Umschlaggestaltung: Margret Schneevoigt
Lektorat: Angelika Eckstein

Druck und Bindung:
Beltz Grafische Betriebe GmbH, Bad Langensalza
www.beltz-grafische-betriebe.de
Printed in Germany

Gedruckt auf
100% Recyclingpapier